今いる場所で突き抜けろ！

強みに気づいて
自由に働く
4つのルール

カル・ニューポート
廣津留真理 訳

ダイヤモンド社

Cal Newport
SO GOOD THEY CAN'T IGNORE YOU
Why Skills Trump Passion in the Quest for Work You Love

SO GOOD THEY CAN'T IGNORE YOU
by
Cal Newport

This edition published by arrangement with Grand Central Publishing, New York, New York, USA through Tuttle-Mori Agency, Inc., Tokyo

訳者まえがき

本書は2012年にアメリカで出版された*So good they can't ignore you*の翻訳である。2012年は、私の一人娘が大分の県立高校からハーバード大学に入学した年で、私が英語関連の株式会社を立ち上げ、非営利の教育団体Summer in JAPANを設立した年でもあった（2013年より一般社団法人）。子育ても終わった、と当時、多くの人に支えられながら少しでも世の中のお役に立てればと無我夢中で奔走する中、出会ったのがこの本なのだ。

原題は、アメリカの俳優・コメディアンとして有名なスティーブ・マーティンのセリフを著者カル・ニューポートが引用したものだが、2012年の私には衝撃のタイトルで、一気に読んでしまった。

スティーブは、「ネタはどう書くのか」「事務所とどう契約するのか」などハウツー的な成功の秘訣を聞かれると、そんなことはどうでもよい！　と次のように言った。

これしかない。突き抜けるまでうまくなったら、人が自然に集まってきた。世の中、そういうことなのだ。

本書を読みながら、私が心を動かされたポイント3つにぜひ注目していただきたい。

「いいから突き抜けたヤツになれ！」

「すごい仕事をしたい」「やりがいのある、自分の好きなことをキャリアにしたい」と夢を膨らませる若者は、すごい仕事（＝希少で価値がある）が欲しければ「希少で価値のあるものをお返しに差し出しなさい」。これがポイント1点目。

自動車メーカーの入社面接で「子どもの頃から車に興味があるからです」、出版社で「読書が三度の飯より好きだからです」などと言うのは、「〇〇大学に子どもの頃から憧れているからです」と面接で言うだけで〇〇大学に入るのが不可能なのと同様にムリ。

希少で価値のあるものをどうやって身につけるのか、どうすれば「突き抜けた人」になれるのか、具体例をふんだんに交じえて説明している。

ポイント2点目は、魅力的な仕事の3つの条件、創造性、影響力、自由（度）を手に入れよう、というアドバイス。自らのクリエイティビティで形にする未来、社会にインパクトを与えるような活動や商品、仕事をする時間も空間も自分でコントロールできる自由、これらの条件のうち、２つ以上が揃う素晴らしい仕事につくにはどうするか。

ポイント3点目は、好きになれる仕事は自分の得意分野の周辺領域にあるから好奇心のアンテナを張ってよく見ておきなさい、というアドバイス。これは私自身の子育て後のセカンドキャリア形成においても大いに役立った。要は、目の前にある仕事を地道に着々とこなすのが遠回りのようで実は近道。長期目標と短期目標を意識的に分けて心に留め、短期目標をさらにブレークダウンして次々とこなしていく、その過程で、自分にしかできない希少で価値のあるスキルを確実に手に入れて、レバレッジをかけてステップアップする。実にわかりやすい方法であり、実用的なアドバイスである。

「未来を創り出し、社会にインパクトを与えることで人類に貢献する」――これはだれもが描く長期目標だが、高みから始めるといつまでも到達しない。まずは目の前の小さな仕事を「So good they can't ignore you 今いる場所で突き抜けろ」レベルにやってのける。

私の場合は、so good とまではいかないにしても、自分の英語教室の一人一人の生徒さんのレベルアップをやっていくうちに、英語体験ゼロの児童があっという間に大学入試レベルの長文が読めて、作文が書けるようになってきた。

それがSummer in JAPAN（SIJ）の設立につながり、ハーバード大学の学生を私の故郷大分県に招聘、日本はもとより世界中から集う小中高生にオープンマインド・多様性・リーダーシップを身につけてもらい、同時に自分の興味のあるワークショップを英語で学んでもらうサマースクールを毎年実施するようになった。これが広く知られるようになり、2017年には岡山県でも開催した。さらに本の出版のおかげで、お目にかかったことのないお子さんや保護者の方にまで私の教育メソッドを使っていただけるようになった。

娘に関しても1つある。ハーバード大学を卒業後、娘はニューヨークのジュリアード音楽院の修士課程に進んだ。自分が確信してやり抜いた活動はムダではなかった、と後でわかるもの。娘が2歳から音楽に携わり続けていることは、意図的ではなかったにもかかわらず、ハーバード大学合格の決め手の1つになったはずだ。

本書に登場するスティーブ・ジョブズの有名なスピーチ（スタンフォード大学卒業式）のストーリーはこうだ。「未来を予測しながら人生の点と点を結びつけることは人間には不可能だ。ジョブズはリード大学でカリグラフィーの授業を取り、美しさに魅せられた。何かの役に立つとは考えもしなかったが、10年後マッキントッシュにカリグラフィーのすべてを注ぎ込んだ。結果、世界のコンピュータには、美しいフォントが備わっている」。

今やっていることはいずれ人生のどこかでつながると信じよう。

　このまえがきを書いている最中、ＳＩＪの講師として来日したことのある、ハーバード卒業生Ｎさんが転職したとの情報が入った。

　Ｎさんは、ハーバードに飛び級で入学した上に、４年間で学士と修士の両方を取って20歳で卒業（！）した極めて優秀な女性だ。卒業後、ホワイトハウスで経済アドバイザーを務めていた彼女が起業したのは、経済とも、彼女の専攻の数学とも関係のない「貧困家庭の子どもたちに大学に行って学んでもらい、手に職をつけてもらう」を目標に掲げたＮＰＯである。

　しかし、実は彼女が大学生の頃から興味があったのは教育分野。教育に興味があるからこそ、日本の大分県までやってきて講師を務めてくれもした。その気持ちが、ホワイトハウスに勤務して、政治や行政に関わることで視野が広がり、ビジョンが強化され研ぎ澄まされ、起業に至ったことを思うと感慨深い。

　就くべき仕事は得意分野の周辺領域にある、の好例である。起業にあたりＳＩＪにも大いにinspireされました、と私にメッセージをくれたＮさんの、リスクを取るバイタリティーと芯の強さに私自身が大いに学んでいる。

ぜひ、あなたが「突き抜ける」ためにこの本を役立てていただきたい。

この本を翻訳するにあたってダイヤモンド社の和田史子氏、佐藤和子氏に大変お世話になった。また、長期に及んだ翻訳作業中、多方面でご協力いただいた井野和子氏に深く感謝する。

廣津留真理

２０１７年11月

今いる場所で突き抜けろ！　目次

第5章 「キャリア資本」を手に入れよう

第6章 キャリア資本家たちの成功プロセス

終章 4つのルールを適用した、私の就活

※本書で言及する書籍のうち、未邦訳のものには原タイトルを入れました。
本書の原注は、以下のURLよりPDFをダウンロードできます。
http://www.diamond.co.jp/go/pb/sogoodcalnewport_notes.pdf

序章 好きなことは仕事にできるか?
——探求のはじまり

〝好き〟を仕事にするには、どうすればいいか?

2010年の夏、私は1つの問題ばかりを考えていた。

「自分の仕事が好きでたまらない人がいる一方で、なぜ多くの人はそのゴールに到達できないのか?」

その問いをきっかけに、いろいろな人に会うことになり、彼らの話は、私が長い間疑問に思ってきたことを、確信に変えてくれた。それは——

好きな仕事をするには「やりたいことを追い求めよ」は、必ずしも有益なアドバイスではない。

この考えに至った経緯はこうだ。

2009年にMIT（マサチューセッツ工科大学）でコンピュータ・サイエンスの博士号を取得していた私は、当時同校で博士研究員（ポスドク）をしていて、教授への道を順調に進んでいるつもりだった。

MITのような大学院では、教授職を目指すのが唯一の尊敬に値する道だと見なされている。うまくやれば教授職は一生モノだ。つまり、この2010年が私にとって「最初で最後の就活時期」となるはずだった。生活の糧を得るために、自分は何をしたいのかを考えるのは、まさにこのときだった。

この時期、ひょっとして私は教授になれないのではないか、という現実味を帯びた可能性が常に頭にあった。

「やりたいこと」「〝好き〟を仕事に」って何だろうと考えさせられるようになった頃、私は研究職の求人についてアドバイザーと面談した。彼の最初の一言は、「就職できるなら、どこの大学でも構いませんか？」という質問だった。研究職市場は常に厳しいものだが、不景気だった2010年当時は、特に困難だったのである。

やっかいなことに、私の専門分野は近年それほど人気があるわけでもなかった。

私の在籍する博士課程を最近卒業した2人は、どちらもアジアで教授職に就くことになった。一方、同じ課程でポスドクを務めていた2人は、それぞれスイスのルガーノとカナダのウィニペグに落ち着いた。

「正直言うと、この就活はかなり厳しく、ストレスいっぱいで気が滅入ったよ」とアジアに行った1人は私に語った。

たとえ選択肢が極端に狭まるにしても、私も妻もアメリカ、それもできれば東海岸に留まりたいと思っていたので、「教授のポストを求める就活自体がムダかもしれない」という非常に現実的な問題に直面したのだ。

自分の人生をどうすべきなのか、振り出しに戻って考え直さなければならなかった。

これが、私がこのテーマに向き合うこととなった背景である。

追求する問題は、はっきりしている。


「どうすれば自分の好きなことを仕事にできるのか?」

その答えが欲しかった。

「〝好き〟を仕事に」という教えには、重大な誤りがある

この本には、私の「理想の仕事探し」の追求プロセスが、克明に記されている。

本書は以下のような構成で展開する。

▼仕事で輝かしい成功を得るために「〝好き〟を仕事にしよう」という従来の教えには、重大な誤りがあることに気づいた。

▼実際には、やむにやまれぬ事情から、就職している人が大半である。

▼「〝好き〟を仕事に！」という教えは、この事実に関して何の説明にもなっていないどころか、さらに悪いことに、職を転々とする人や、夢が叶わずに絶えず不安にさいなまれる人を生み出している。

これを出発点として、まず**ルール1**では、これまで優勢であった**「〝好き〟を仕事にしよう！（〝やりたいこと〟待望論）」を論破する。**

ただし、そこで追求を終わらせるつもりはない。何がダメなのかを突き止めた上で、さらに、**「『〝好き〟を仕事にしよう』というアドバイスが間違いならば、代わりにどうすればよいのか」**に答える。

この本の**ルール2〜ルール4**に答えがあるが、その探求の過程で私は、思いも寄らない場所に連れて行かれることとなった。

「やりたいこと」を追いかけてはいけない

本書で私は、多くの人々の体験談を紹介するが、それらはすべて実に当たり前の一文に収束する。

それは、「できること」、つまり**能力の重要性**である。

素晴らしい仕事を実現するには、希少で価値ある能力が必要だとわかった。素晴らしい業績を望むのならば、代わりに希少で価値あるものを差し出さねばならない。

自分が何かに秀《ひい》でない限り、素晴らしい仕事など、成し得ないのである。

もちろん、何かに秀でたからといって、幸福が保証されるわけではない。尊敬を勝ち得ても、惨めな仕事漬けから抜けられない例は多い。ここで重要なのは、有用なスキルは単に獲得するだけでなく、これを**「キャリア資本」**として正しく投資するという技である。

つまり、あなたの仕事と人生を幸せにするような方向にスキルを磨き上げるのだ。

この主張は、世間一般の通念を覆すものである。

「やりたいこと」という感情はあとまわしだ。

仕事が順調なら、やりたい気持ちが湧いてくるものだからだ。

「『やりたいこと』を追いかけてはいけない」

私の大好きなスティーブ・マーティンの言葉を借りれば、**「誰もが思わず注目してしまう、『突き抜けた人』になる」**ことで、夢はかなうのだ。

この本では具体的にアドバイスを述べてはいるが、ステップシステムや自己診断テストはない。このテーマは複雑なので、公式化できないのだ。最後まで読んでいただければ、私自身の例がどうなったのか、この考察を自分の仕事に具体的にどう適用したのかがわかると思う。

これから紹介する考察を通して、「やりたいことを追求しよう」や「好きなことを仕事にせよ」といった、今日多くの人の職業観を惑わす結果を招いているキャッチフレーズから読者を解放し、代わりに有意義で魅力的な仕事、そして人生への現実的な道を提示しようと思う。

さっそく見ていこう。

RULE 1
「やりたいこと」は見つからない

第1章 スティーブ・ジョブズの言葉は誤解されている

夢中になれるものを見つけよ！

2005年6月、スティーブ・ジョブズはスタンフォード・スタジアムの壇上に立ち、卒業生への祝辞を述べようとしていた。正装のローブの下にはジーンズとサンダルという格好で、総勢2万3000人の聴衆を前に、彼が人生から得た教訓を短いスピーチにまとめて語りかけた。ジョブズはこの祝辞の3分の1あたりで、こう助言している。

▼夢中になれるものを見つけよ。
▼素晴らしい仕事をしたいなら、自分の仕事を心から好きになることだ。

▼まだ見つけていないのなら探し続けなさい。妥協は禁物だ。

スピーチが終わると総立ちの大喝采だった。ジョブズの演説にはいろいろな教訓が含まれていたが、「自分が夢中になれることをやろう」と強調していたのが際立っていた。スタンフォード・ニュース・サービスによる公式発表には、「ジョブズは卒業生たちに、夢を追い求めよと呼びかけた」とある。

YouTubeにはただちに非公式動画が投稿され、急速に広まり、350万ビューを集めた。続いてスタンフォード大学が公式の動画を掲載すると、さらに300万ビューが集まった。動画には、自分の仕事に夢中になることの重要性にコメントが集中し、閲覧者は次のような感想を述べていた。


「もっとも大切な教えは、目標を見つけ、自分の夢を追い求めることです。……人生はあまりにも短く、しなければならないことは多すぎるから」

「夢を追い求め、人生、やりたいことをやろう」

「夢の追求こそが人生のエンジンだ」

「仕事で大切なのは夢を持つことだ」

「安住することなかれ、アーメン」

既存の考え方や常識を壊し、次々と新しいものを世に生み出してきたスティーブ・ジョブズ。その人が、「〝好き〟を仕事にしよう！」と叫び、心に響くキャリア・アドバイスの通説にお墨付きを与えるのを見て、何百万もの閲覧者が熱狂したのである。

「やりたいこと」は幻想である

「仕事で幸せになる秘訣は、まず自分が夢中になれるものを見つけて、それからその願望に合う仕事を見つけることだ」

この説は、現代アメリカ社会でもっとも言い古された教えの1つである。幸運にも、私たちには自分の人生で何をするか選択できる。それゆえに、子どもの頃からこのメッセージに翻弄されている。夢を追いかける勇気を持った人々をもてはやし、一方で、安全策にしがみつく事なかれ主義の人間を哀れむようにと、教え込まれているのである。

疑うなら、書店でキャリア・アドバイス関連の本を探してみるといい。履歴書の書き方や面接試験マニュアルを除いて、「〝好き〟を仕事にしよう！」を掲げていない本は、ほとんど見当たらないはずだ。

『キャリア・マッチ』『本当の自分と自分のやりたいことを結びつけて自分らしく生きる』『性格タイプを知って、あなたにぴったりのキャリアを発見しよう』等々。

この手の本は、ほんの少し性格診断テストをするだけで、「やりたいこと」に出会える、と約束する。

「自分の夢を追いかけよ」は、とんでもないアドバイスかもしれない

最近では、さらに強引な新種の「〝好き〟を仕事にしよう！」が流行っている。*Escape from Cubicle Nation*（『キューービクル・ネーションからの脱出』）という本では、オフィスに1日中拘束される「昔ながらのデスクワーク」は、その本性からして悪しきものだとして見限り、自分の夢の実現のために独立せよ、と説いている。

この本だけではなく、何千人ものフルタイム・ブロガーや専門カウンセラーも、仕事の幸福を論点に据える評論家も、皆同様の教えを広めている。

「幸せになるには、自分が夢見る仕事を追いかけなければならない」と。

ある著名なキャリア・カウンセラーは私にこう言った。「好きなことを仕事にしなさい、そうすればお金は後でついてきます」

今ではキャリア・アドバイス業界公認の標語になっているという。

だが、ここにはある問題が潜んでいる。

もしこの口当たりのよいスローガンを脇に置いて、まずスティーブ・ジョブズのような人物が本当に強い願望を抱いて仕事を始めたのかを調べたり、仕事の幸福とは何かと科学者たちに問いかけたりしてみれば、事はそんなに単純でないことが判明する。

「〝好き〟を仕事にしよう！」の言葉の綾をたぐってみれば、やがて、ショッキングなことに気づく。

「自分の夢を追いかけよ」というのは、とんでもないアドバイスかもしれない、と。

私がこのテーマに引きつけられたのは、ちょうど大学院を出る頃だった。やがて「〝好き〟を仕事にしよう！」を完全に否定するようになり、好きな仕事を見つけるのに何が大切かを見極めることなど、どうでもよくなった。

ルール1では、「〝好き〟を仕事にしよう！」に反対する、私の意見を展開している。「やりたいことを追いかけよ」は間違ったアドバイスであるという考察は、あとに続くすべての基礎になるからだ。

まず、スティーブ・ジョブズとアップル・コンピュータ創業の話から始めよう。

ジョブズの「言葉」を真に受けるな

もしあなたがアップル・コンピュータ創業前の若いスティーブ・ジョブズに出会ったとしても、彼がハイテク企業をこれからつくろうと熱い思いを抱いている人物にはとうてい見えなかっただろう。

ジョブズは、オレゴン州の名門カレッジ、リード大学で学んだ。長髪で、裸足で歩くのを好んだ。ハイテク界の同時代のリーダーたちと違って、学生時代のジョブズはビジネスや電子工学に特に興味を持っていたわけではない。代わりに、西洋史やダンスを学び、東洋の神秘主義思想をかじっていた。

ジョブズは1年で大学を中退し、しばらくはキャンパスに留まり、ねぐらを転々としながら地元のハレ・クリシュナ寺院のタダ飯にありついていた。ジョブズは、その常識を超えたスタイルから、当時の言葉で言う「フリーク」として、キャンパスの有名人だった。

ジェフリー・ヤングが１９８８年に徹底的に取材・調査して書いた伝記『スティーブ・ジョブズ――パーソナル・コンピュータを創った男 上・下』（ＪＩＣＣ出版局、１９８９年）によると、ジョブズはやがて貧乏暮らしにうんざりして１９７０年代初めにカリフォルニアに帰郷し、両親の家に住んでアタリという会社で夜勤の仕事を始めることにした（「楽しんで金を儲けよう！」という広告を『サンノゼ・マーキュリー・ニュース』紙上で見て、アタリに関心を抱いたのだ）。

この時期のジョブズは、アタリとオール・ワン・ファームというサンフランシスコの北にある田舎のコミューンの2カ所で生活していた。あるとき、ジョブズは数カ月ほどアタリを離れ、インドへと自分探しの旅に出た。帰ると間もなく、近くのロス・アルトスの禅センターで真剣に修行を始めた。


1974年、ジョブズがインドから帰った頃、アレックス・カムラットというエンジニアの起業家が「コールイン・コンピュータ」という会社を始めた。カムラットはスティーブ・ウォズニアック（アップルの共同創業者の1人）に声をかけ、顧客が会社の中央コンピュータにアクセスするための端末装置のデザインを任せた。

ジョブズと違い、ウォズニアックは本物のエレクトロニクスの達人で、テクノロジーに夢中になっており、大学でも正式に学んでいた。しかしその反面、ビジネスは苦手だったので、長年の友人であったジョブズに細かいお膳立てを頼んだのだ。すべては順調だったが、1975年秋にジョブズが1シーズンをオール・ワンのコミューンで過ごすといって仕事を離れた。不幸にもジョブズはカムラットに職場を一時期離れると告げなかったため、戻ったときには居場所がなくなっていた。

ジョブズは、起業家精神あふれる人物だったのか？

この話をするのは、これがテクノロジーを愛し、起業家精神にあふれた人間のやることとは到底思えないからだ。実際は、これから1年もたたないうちにジョブズは、アップル・コンピュータを立ち上げたのだ。

つまり、未来志向で世界にインパクトを与えるアップル社を起業するまでの数カ月間、ジョブズは悩み多き青年であり、精神的悟りを求め、「手っ取り早く現金が手に入ると約束された」ときにだけ、エレクトロニクス業界に手を出していたのだ。

1976年後半、このような思考回路を持つジョブズに、おあつらえ向きの大きなチャンスが転がり込んだ。

コンピュータを家庭で組み立てできるキットが発表され、地元の「電脳オタク」がみな熱中しているのに目をつけたのだ（ジョブズだけがこのブームのもたらす可能性に気づいていたわけではない。『ポピュラー・エレクトリック』誌の表紙を飾る新発売のキット・コンピュータを見て、ハーバード大学の野心的な学生ビル・ゲイツは、会社を立ち上げ、そのコンピュータ用にBASICというプログラミング言語の開発をした。後に彼はハーバードを中退して事業を成長させ、新会社をマイクロソフトと名づけた）。

ジョブズはこれを地元のコンピュータ愛好家に売ろうと考え、ウォズニアックにキット・コンピュータの回路基板の設計を頼んだ。当初の計画では、回路基板を1個当たり25ドルで制作し、50ドルで売るつもりだった。ジョブズは100個売りたかったので、基盤のプリント代と設計料の1500ドルを除くと、1000ドルの利益が見込めた。ウォズニアックもジョブズも定職を辞していたわけではなかったので、これは空き時間にこなせる、**非常にリスクの低いベンチャー**と言える。

ここから先、話は急展開し、伝説へと変わる。

ジョブズが裸足で向かったのは、「バイトショップ」という、ポール・テレルが経営する先駆的なコンピュータ販売店だった。テレルに回路基板を買わないかと申し入れたが、テレルは基盤のみでの購入はしない、と断った。しかし、組み立て済みのコンピュータなら1台500ドルで買う、すぐに50台欲しい、とのことだったので、ジョブズはこのチャンスに飛びついた。ここでさらにまとまった金額を手にしたジョブズは、開業資金を集め始めた。

このような思いがけない棚ぼた資金から、アップル・コンピュータという会社は生まれたのだ。著者ヤングは強調する。

「彼らの計画は慎重で、小規模なものだった。全世界を席巻しようなどとは、思ってもみなかったのだ」

ジョブズの「ややこしい」教訓

ジョブズの話を事細かに取り上げたのには、理由がある。

充実した仕事を見つけるには、ディテールがものをいうからだ。

もし若き日のジョブズが自分自身のアドバイス通りに、「好きな仕事」を追い求めたならば、今ごろジョブズはロス・アルトスの禅センターの名物導師になっていたことだろう。しかし、彼はありふれたアドバイスには耳を貸さなかった。アップル・コンピュータが、「やりたいこと」を追求した結果から生まれたのでないのは明らかだ。むしろ、「偶然軌道に乗ることになった、ちょっとした計画」という幸運の結果であった。

ジョブズはきっと徐々に自分の仕事に愛着を持つようになったのだと思う。

彼の有名なスピーチを見たことのある人なら、彼が自分の仕事が心から好きだった、とわかるだろう。しかし、それが何だというのだ。楽しく仕事をするのは良いことだ、と言っているに過ぎない。

このアドバイスは、たとえ本当であっても、単なる同語反復であり、私たちが本気で答えを求めている差し迫った問いに対しては、何の助けにもならない。

心から好きになれる仕事に巡り合うにはどうすればよいのか。

ジョブズのように1つの職業に絞らないで、いろいろな職種にトライして、そのうちの1つがうまくいくのを待つべきだろうか。

どんな分野を掘り下げるべきかが関係するのだろうか。

あきらめずに続けることと、見切りをつけるタイミングはどうなのか。

ジョブズの話は、答えを導き出すというよりは、むしろ疑問を投げかけるものだ。

おそらく、1つだけはっきり言えるのは、少なくともジョブズにとっては「やりたいことを追い求めよう」は、あまり使えるアドバイスではなかった、ということだ。

第2章
「やりたいこと」など、めったに見つからない

「やりがいのある仕事」をしている人たちへのインタビューでわかった、驚きの真実

ジョブズの、充実した仕事に達するまでの複雑な道のりは、実は「面白い仕事をしている面白い人々」に共通するものである。

2001年、大学を卒業したばかりの友人4人グループが、アメリカ中を旅して、「やりがいのあることを生活の第一に置いている」人たちに、インタビューをして回った。4人は、「自分たちも何かやりがいのあることをキャリアにしたい」と、アドバイスを求めたのだ。

その旅をドキュメンタリーとして撮影したところ、PBS（公共放送サービス）のシリ

ーズへと発展した。やがて4人は「ロードトリップ・ネーション」というNPOを立ち上げ、他の若者たちを支援して自分たちのような旅をしてもらおうとした。「ロードトリップ・ネーション」のよい点は、プロジェクト用に行ったインタビューの動画をアーカイブに保管していることだ。[*1]

どのようにすれば、結果的に魅力的なキャリアが得られるのか。その実態を見極めるのに、これ以上ないほど充実したリソースを持っている。オンラインで無料視聴が可能なこのアーカイブを見れば、スティーブ・ジョブズの複雑な経歴は、例外というよりはむしろ通例であるとわかるだろう。

あるインタビューでは、公共ラジオ局のパーソナリティを務めるアイラ・グラスに、大学生3人が、どうすれば「やりたいことが見つかるのか」「得意なことを見つけられるのか」について聞いている。

「映画の中でなら、君たちはただ夢に向かって突き進めばよい、というところだが、私はそうは思わないよ。段階を踏んでいかないとね」

グラスは、何事も上達するには時間が必要だと強調し、彼自身長年かけてラジオ番組にかかわるスキルを磨き、そこから興味のあった試みに取り組んだと語る。

「大切なのは、仕事をとことんまでやること、スキルが身につくまでがんばることだ。そこが一番きついんだけどね」とグラスは言う。

インタビューしている学生たちは、その答えに唖然とした表情だ。彼らが期待していたのは、「仕事はきついのが当たり前だからがんばれ」ではなく、何かもっとモチベーションを高めるような言葉だった。

その表情に気づいたグラスはこう続ける。「君たちの問題は、行動する前に理屈だけですべてを判断しようとすることだ。それが間違いのもとなのだよ」*2

自分が何を心から好きになるかなど、前もってわかるものではない。

同様の考えは、アーカイブのその他のインタビューにも紹介されている。

宇宙生物学者のアンドリュー・スティールは、「自分が何をするつもりかなど考えても見なかったよ。自分のやりたいことを今すぐ決めるべきだなどというシステムには反対だ」と語っている。

学生の1人がスティールに、「博士課程に進む際に、いつか世界を変えてやるぞ、と思っていましたか？」と尋ねると、スティールは「いや。私はただ、選択の自由が欲しかっただけだ」[*3]と答えている。

チャンネル・アイランド・サーフボードの創業者であるアル・メリックも、長い時間をかければ、やりたいことに出会えると話している。

「人生のスタートを急ぎすぎるのは悲しいことだ。私は大帝国を築こうとして働き始めたわけではない。『何をするにもベストを尽くそう』が私の目標だ」[*4]

別の動画では、ワシントン州スタンウッドを拠点に活躍するガラス職人、ウィリアム・モリスが、豊かな北西部の森の中にある、納屋を改修してつくった自分の作業場に学生グループを連れていく。女子学生が「私にはいろんな興味が山ほどあって、どれか1つになんて絞れないのです」と漏らすと、モリスは、こう言う。

「どうなるかなんてわかるはずがないのに、今決めてしまいたいとも思わないでしょう？」[*5]

これらのインタビューでは、次のような重要ポイントが強調されている。

魅力的なキャリアには、やりたいことを追い求めればよいという単純な考え方を否定する「複雑な経歴」が伴うことが多い。

この見解は「やりたいこと」という幻想のもたらす満足感に長い間浸っていた人々には、

驚きかもしれない。しかし、仕事上の満足について長年研究してきた科学者たちに驚きはない。何十年もの間、同様の結論を発見してきていたからだ。

ただ、今日まで、その結論に真剣に耳を貸すキャリア・アドバイス関係者がほとんどいなかったのだ。そこで次に、これまで見過ごされてきた研究の成果を示したい。

私が見つけた3つの結論

自分の仕事を楽しんでいる人がいる一方で、それを楽しめない人が非常に多いのはなぜだろうか?

この分野の社会学研究を要約した本が出ているので見てみよう。仕事に満足する理由はさまざまあるが、自分の仕事を「あらかじめあった願望」と一致させようとするような考え方は含まれない。研究によって明らかになった現実を深く理解してもらうために、私が見つけた、3つのさらに興味深い結論を見ていただこう。

結論1 「やりたいこと」など、めったにない

2002年、カナダの心理学者ロバート・J・ヴァレランド率いる研究チームが、カナダの大学生539人に詳細なアンケートを実施した。[*6]

このアンケートで引き出そうとしたのは、「学生には、やりたいことがあるのか」「あるとしたら、それは何か」という2つの重要な質問の答えであった。

「〝好き〟を仕事にしよう！」の中心になるのは、誰にでもあらかじめやりたいことがあって、それが見つかるのを待っている、という前提だ。

その前提を調査した結果、84％が「やりたいことがある」と回答した。

この答えは「〝好き〟を仕事にしよう！」支持者には朗報だと思われるかもしれないが、その中身を検証してみよう。

学生たちがやりたい、と答えたトップ5はこうだ。

1 ダンス
2 アイスホッケー（カナダではアイスホッケーが盛んであることをお忘れなく）
3 スキー
4 読書
5 水泳

確かに学生たちにとっては大切なものばかりだが、これらの「やりたいこと」は職業の選択には、あまり関係がない。

実際、やりたいことの調査結果の中で、仕事や教育に少しでも関わりのあるものは、4

%にも満たなかった。残りの96%はスポーツや芸術のような趣味的な関心事を挙げていた。「〝好き〟を仕事にしよう！」の支持者には大きな痛手だが、落ち着いてこの結果を受け入れてみよう。追い求めるべき夢もないのに、どうやって「やりたいこと」を追い求められるというのか。少なくとも、このカナダの学生たちの大半は、職業の選択に関しては別の戦略が必要となるだろう。

結論2「やりたいこと」に出会うには時間がかかる

イエール大学の組織行動学教授、エイミー・レズネフスキーは人々が自分の仕事についてどう考えているかを研究してキャリアを築いてきた。

彼女がまだ大学院生のときに『ジャーナル・リサーチ・イン・パーソナリティ』誌に掲載された画期的な論文に、「労働」「キャリア」「天職」の違いが分析されている。[*7]

レズネフスキーによると、その違いは以下の通り。

- ・労働は、生活費を稼ぐための手段
- ・キャリアは、より高度な仕事への道
- ・天職は、人生の重要な一部であり、自分のアイデンティティの重要な一部レズネフスキーは、医師、コンピュータ・プログラマー、事務職などさまざまな職種の人々を調査した。その結果、大半の人はこの3つのカテゴリーに自分の仕事を積極的に分類していることがわかった。考えられる説明としては、職種によって差が出る、ということだ。

「〝好き〟を仕事にしよう！」に基づいて予測すると、医師や教師といった、なりたい仕事としてよくある職業に就いている人々は、自分の仕事を天職だと考える割合が高いのではないか。一方、憧れなど少しも持てないような地味な仕事の場合、それを「天職」とは呼ばないのではないか。

これを確かめるため、レズネフスキーは同じ職業で、ほぼ同じ職責の被雇用者のグループを調べることにした。それは、大学の事務職員である。しかし彼女自身が驚いたと認めているように、この事務職員のグループは、おおよそ均一に、労働、キャリア、天職に3分の1ずつに分かれたのだ。つまり、**職種だけで、人がどれくらい自分の仕事を楽しめているのかが予測できるわけではない**ようだ。

とはいえ、「〝好き〟を仕事に」の支持者なら、大学の一般事務職にはさまざまなタイプの人が集まってくるだろう、と言うかもしれない。高等教育にやりがいを感じて応募した人は、結果的に仕事に愛着を感じるだろうし、安定した待遇の良い仕事だからという理由で偶然この職に就いたために、そこまでやる気のでない人もいるだろう。

レズネフスキーはここで終わらなかった。彼女は「なぜ事務職員たちがそれぞれこんなに異なった見方をするのか」を調査した結果、ある発見をした。

自分の仕事を天職だと考える職員の最大の特徴は、その仕事に費やした年数だった。**職員の経験が長ければ長いほど、自分の仕事を心から好きである傾向が強かったのだ。**

この結果は、「〝好き〟を仕事に」支持者には、また新たな打撃だ。

レズネフスキーの研究によると、もっとも幸福で、もっとも熱心な職員は、「やりたいこと」を追い求めた結果として職に就いた人ではなく、**自分の仕事のスキルが上達するまで長い時間をかけてがんばってきた人**であった。

よく考えてみると、これは筋が通っている。

経験を積むと、自分のスキルを上達させるための時間ができ、そこから自分の能力に対する自信が培われる。またその間、同僚と強い絆を築き上げ、自分のする仕事が他人の役に立つ例をたくさん見ることになる。ここで大切なのは、この解釈は合理的ではあるが、自分の仕事を「やりたいこと」と一致させればすぐに幸せになれる、とする「〝好き〟を仕事にしよう！」には反することだ。

結論3 「やりたいこと」は、スキルアップが生み出す

「やる気に関する驚きの科学」と題する有名なTEDトークで、ダニエル・ピンクは自著『モチベーション3・0』（講談社、2010年）について、人間のモチベーションの研究を続けたここ数年の成果を語った。

「いいですか、全然違うのです。科学が解明したことと、ビジネスで行われていることは食い違っているのです」

ピンクが「科学が解明したこと」を持ち出すときは、自己決定理論（SDT：Self-Determination Theory）として知られる、40年の歴史を持つ論理的枠組みについての言及がほとんどだ。SDTは、人をやる気にさせる仕事もあれば、逆に全く興味を引かない仕事もあるのはなぜなのか、について解明した近年でもっともすぐれた科学と言っていい。*8

SDTによると、仕事であれ何であれ、モチベーションは、作業に対してやる気を本質的に感じさせるような「心理的滋養」ファクターといわれる、次の3つの心理的欲求を満たさなければならない、とされている。

やる気の3つの源泉

1. 自律性 Autonomy
自分の労働時間を自分でコントロールしている、自分の行動は重要である、という感覚

2. 有能感 Competence
仕事のスキルが上達している、という感覚

3. 関係性 Relatedness
他人とつながっている、という感覚

3番目の欲求は当然だろう。職場の人と親しい関係にあれば、より仕事が楽しめるようになるだろう。より面白いのは最初の2つの欲求である。

例えば、自律性と有能感は明らかに関連がある。

大半の仕事は、スキルアップすればするほど、そこから生じる達成感だけではなく、職責に対する自由（自分でコントロールできる）が報酬として得られるのだ。このような結果は、レズネフスキーの発見を説明するのに役立つ。おそらく、より経験を積んだ事務職員のほうが自分の仕事を楽しんでいる理由の1つは、この楽しみを生み出す有能感や自由を築き上げるには時間がかかるということである。

ところで、同じくらい興味深いのは、この基本的な心理的欲求に含まれていないことである。

「自分の仕事を、前もってあるはずの『やりたいこと』に一致させることが、モチベーションを高めるために重要である」という判断を、科学者たちが下さなかったことに注目すべきだ。

対照的に、科学者たちが見出した特性は、より一般的なものであり、特定のタイプの仕事について限定するものではない。

スキルが上達するまで一生懸命働けば、さまざまな職種に就くほとんどの人が、有能感と自由を手に入れることができる。

このメッセージには「好きなことを仕事にしよう、そうすればすぐに幸せになれる」というようなトキメキ感こそないものの、確かな真実の響きがある。

つまり、自分にふさわしい仕事を見つけることより、**今携わっている仕事にふさわしい働き方をする**ことのほうが重要なのだ。

第3章 「やりたいこと」という幻想は危険である

「〝好き〟を仕事に」という幻想の誕生

私たちの社会が、いったいいつから「やりたいこと」を追い求めることに重きを置くようになったのか、はっきり指摘するのは難しい。しかし、『あなたのパラシュートは何色？』（翔泳社、2002年。新訳で『「適職」と出会うための最強実践ガイド』辰巳出版、2014年）という本が最初に出版された、1970年頃と見るのが近いのではないだろうか。

著者のリチャード・ボウルズは当時聖公会で活動し、学校内にある教会の牧師たちにアドバイスをしていた。というのも、牧師たちは失業の危機にあったからだ。転職を迫られている人々へのストレートな助言集として出版された初版本は、たった100部だった。「本当にやりたいことを見つけよう……そしてそれから、あなたのような人材を必要とする職場を探そう」というボウルズのアドバイスは、現代の私たちにはわかりきったことに聞こえる。しかし、1970年には、それは非常に先鋭的な考え方だった。

「記述式の適性試験をたくさん受けて自分の可能性を探り、キャリアを自らコントロールするなどということは、物好きのすることだと思われていました*1」と、ボウルズは当時を振り返る。だが、「自分の人生を決めるのは、ほかでもないあなたなのです。だったら本当にやりたいことを追い求めませんか」とするこのメッセージのポジティブさが当たった。この本は現在、600万部以上が発行されている。

『あなたのパラシュートは何色？』はベビーブーム世代に向かって、やりたいこと中心のキャリア説導入に一役買った。それが今では彼らの子ども世代へと引き継がれ、ベビーブーム・ジュニアは「〝好き〟を仕事に」という幻想にもっと執着するようになっているのである。この若い世代は「仕事への期待が非常に高い」。こう語るのは、大学院生たちのマインドに詳しい心理学者ジェフリー・アーネットだ。

「彼らにとって仕事とは、単なる生活のための労働ではなく、冒険なのです。自己啓発や自己表現の場であり、自らの才能の自己評価と仕事がマッチしないと納得しないのです*2」

今の仕事に満足している人は、わずか45%である

「〝好き〟を仕事に」という幻想には誤りがある、という私の主張に納得してくれたとしても、「だから何なの？」と反応する人もいるだろう。「〝好き〟を仕事に」という幻想が、たとえ一握りの人であっても相性の悪い仕事に見切りをつけ、別のキャリアを試してみるきっかけになれば、役割を果たしているではないか、この仕事に関するおとぎ話が広く浸透しているとしても心配には及ばない、という意見があるかもしれない。

だが、私はそうは思わない。

この問題を研究すればするほど明らかになってくるのは、「〝好き〟を仕事に」という幻想のせいで、人々は、魔法のように自分にぴったり合った仕事が、どこかで自分を待っているのだ、と思うようになり、それが見つかったとなると、たちまち「これがまさに本当にやりたかった仕事なのだ」と納得してしまうということだ。問題は、当然の結果として、それが叶わなかったときには、やっかいな状況に陥ることにある。転職を繰り返したり、深刻な自己不信に陥ったりするようになるのである。

このような影響は統計に表れている。

前述したように、ここ数十年、ボウルズの考えは人から人へと広まり、これに傾倒する

人々は目に見えて増えてきた。だが、「やりたいこと」を追い求め、本当にやりたい仕事を待とうとしてきたにもかかわらず、私たちはちっとも幸せになっていない。

全国産業審議会が２０１０年に実施した米国における仕事満足度調査によると、アメリカ人で**仕事に満足している、と答えたのはわずか45%**である。調査を開始した１９８７年には、この数字は61%だったが、それ以来着実に減少してきている。

審議会の消費者調査センター所長、リン・フランコは、これは景気の落ち込みだけが原因ではないという。「ここ20年、景気のよいときでも不況のときでも、仕事に対する満足度は常に下降傾向にあります」

中でも若年層は人生における仕事の重要性をもっとも気にかけているため、今日では64%が仕事に満足していない、と断言している。調査開始から20年、どの年齢層でもいまだかつてこれほど高レベルの不満足度を示す数字が出たことはない。[*3] つまり、長きにわたって世代ごとに実施されてきた「やりたいこと中心の」キャリア・プランニングは、失敗に終わったと考えられる。好きなことをしようと思えば思うほど、それは遠ざかっていく。

もちろん、この統計ですべてが明白になったとは言えない。というのは、仕事満足度の低下には他の要因も関わっているからである。

このような不安をもっと内面から理解するために、実例を挙げよう。アレクサンドラ・ロビンスとアビー・ウィルナーの２００１年の著書で、不満を抱く若者たちの言葉を集めた*Quarterlife Crisis*（『クォーターライフ・クライシス――20代の危機』）を検証してみよう。仕事の世界で不満を持ちながらさまよう20代の若者の個人的な告白が記録されている。ここではスコットという、ワシントンD.C.の27歳の若者の話を引用しよう。

「今携わっている仕事には文句のつけようがありません。政治という、心の底からやりたいと思えることを仕事に選んだのですから。職場も、友人も、上司だって大好きです」

だが、「〝好き〟を仕事に」という幻想がもたらす魔法の約束は、スコットに自問させる。本当にこれでいいのか。この仕事は、他の仕事同様、課せられる厳しい責任に見合うほど自分に向いているのか。

「どこか満たされていないのです」とスコットは不安になる。

彼は一生の仕事を求めて再出発することにした。「興味のわく他の選択肢を追求しようとがんばってはいるのですが、実際には、魅力的だと思えるキャリアを考えつくのに苦労しています」

『20代の危機』には、ジルという若者も登場する。

「大学を出て、自分にぴったり合う職業だけをずっと探してきました」

驚くまでもなく、彼の高い基準に合うものは1つとしてなかったそうである。「何をしたいのか、全然わからないんです」と25歳のエレーヌは語る。「自分が犠牲にしているものにも、考えが及ばないのです[*4]」

この手の話は数えきれないほどあるが、大学生から中高年、あらゆる年齢層にわたり増加していて、同じ1つの結論にたどり着く。

「〝好き〟を仕事に」という幻想は、間違っているだけではなく、**危険**なのだ。誰かに「やりたいこと、好きなことを追い求めなさい」と語ることは、もはや罪のない楽観どころか、混乱と苦悩をもたらすに等しいのである。

とはいえ「やりたいこと」を追い求めてうまくいく人もいる

探求を続ける前に明らかな点を強調しておきたい。「やりたいこと」を追い求めてうまくいく人もいるのだ。

「ロードトリップ・ネーション」のアーカイブにインタビューが収録されている『ローリングストーン』誌の映画評論家、ピーター・トラヴァースのように、子どもの頃から映画館にノートを持っていき、自分の感想を記録していた人もいる[*5]。プロのスポーツ選手のような才能ある個人のキャリアは、さらにわかりやすい。物心がついたときから野球に熱中していた、と断言しないプロ野球選手はいないだろう。

「やりたいこと」についての私の結論を退けようと、このタイプの例を持ち出す人がいる。「この人は夢を追いかけて成功しているじゃないか。だから、好きなことを仕事にしよう、は役に立つアドバイスに違いない」と言うのだ。

しかし、このロジックは間違っている。

少数に当てはまるからといって普遍的に効果がある、とは言えないからである。代わりに、多数の例を研究して、圧倒的多数のケースで何が効果的なのかを問うべきだ。自分の仕事が心から好きだという人々について研究すると、全員ではないにしても大半の人が話してくれるのは、前もってあるはずの「やりたいこと」をまず突き止めてそれを追い求める、といったものより複雑だ。

ピーター・トラヴァースやプロのスポーツ選手たちは、例外なのである。むしろ、そのような例が極端に少ないことで、多くの人にとって「好きなことを仕事にしよう」は、間違ったアドバイスであることがはっきりする。

この結論から次のような重大な疑問が生じる。

指針となる「やりたいこと」がない状態で、私たちはどうすればよいのか。

これから3つのルールを用いて、この問題に取り組むことにする。

3つのルールは私が探求した順番通りに書かれていて、どうすれば人は本当に自分のしていることを好きになれるのかを解き明かしたものである。

「〝好き〟を仕事に」という、誤った考えを取り払い、これまで陰に隠れていた、もっと現実的なキャリア・アドバイスに光を当てるのみだ。

このプロセスは次のルールで、私が思いがけない洞察にたどり着くところから始まる。ボストン郊外でせっせと演奏技術を磨く、ブルーグラスのミュージシャンのグループとの出会いだ。

RULE 2
今いる場所で突き抜けよう！

第4章 「職人マインド」の人たちが教えてくれたこと

職人マインドのギタリストが「やっていること」

メープルトン通りにさしかかる角を曲がったとき、古びたビクトリア調のその家は、整然とした郊外の街並みに溶け込んで見えた。だが、近づくにつれて、風変わりな印象を受けた。ペンキははげ、玄関ポーチには革製のリクライニングチェアーが一対置かれていた。地面にはビールの空き瓶が転がっていた。

ニュー・アコースティックのプロギタリスト、ジョーダン・タイスは、タバコを吸いながら玄関口に立って、私に手を振った。彼に続いて家に入ると、玄関に続く狭い部屋は寝室に改装されていた。「そこに寝ているバンジョー奏者は、マサチューセッツ工科大学の博士号を持っているんだ。いいヤツだよ」と、ジョーダンは言った。

多くの音楽家と同様、ジョーダンは、賃貸物件をあちこち移動することが多く、文字通り、居住可能な場所ならどこにでも住めるタイプだ。住居にしている2階へと向かいながら、ジョーダンは「ようこそブルーグラス学生寮へ！」と言った。

彼の部屋は私の知るどんな大学寮の部屋よりも狭く、ベッドと簡素な机1つでいっぱいの質素なものだった。フェンダー製のチューブアンプが1つ、キャスターつきの旅行カバンが1つ、部屋の隅に置かれている。ジョーダンが所有するギターのほとんどは1階の共同練習室に置かれているようで、部屋で唯一目にしたのは、使い古したマーティンのギターだった。彼と私と2人が座るには、隣室から椅子をもう1脚借りなければならなかった。

ジョーダンは24歳。伝統的な仕事の世界では「若い」ほうだが、彼のレコード・デビューが高校生だったことを考えると、アコースティック音楽の世界ではジョーダンは決して「新人」ではない。しかも、彼は気の毒なくらい謙虚で腰が低い。3枚目のアルバム、『ロング・ストーリー』のレビューはこう始まっている。

「音楽は、モーツァルトから今日に至るまで、常に天才を生み出してきた」*1

まさにこの手の賞賛をジョーダンは嫌い、私にもそうは書かれたくないようだった。

「有名なブルーグラスのドラマー、ゲイリー・ファーガソンがなぜ16歳の君を演奏ツアーメンバーに選んだのか」と尋ねると、ジョーダンは口ごもり、黙り込んでしまった。

「これはすごいことですよ。ゲイリーが君を専属のギタリストに選んだ。数多くのギタリストの中から16歳の君を選んだのだから」と、私は答えを促した。

「その件で自慢するようなことは何もないよ」

彼はようやくこう答えた。


ジョーダンをわくわくさせたのはただ1つ、音楽だ。

「今日は何をやっているの?」と聞くとジョーダンは目を輝かせて、机に開いたままにしてあった作曲ノートをさっと手に取った。そこには楽譜が5段、鉛筆で走り書きされていた。主に4分音符がぎっしりと書き込まれ、五線譜を上へ下へと駆け巡り、時折手書きで説明がしてあった。

「新しい曲を書いているのさ。ものすごく速い曲になりそうだよ」

マーティンのギターを手に、ジョーダンは私にその新曲を奏でてくれた。ブルーグラス特有の力強いビートを持ちながらも、ドビュッシーの影響を受けたというメロディーは、いい意味でジャンルを感じさせない。

演奏中、ジョーダンはギターのフレットの端を見つめるようにして時折息を切らしていた。どこかで音を外すと、不満そうに中断し、1つのミスもなく弾き切れるようになるまでやるのだと言って、また最初からやり直すのだった。

リック（即興演奏のパート）の速さに感動したよ、と伝えるとジョーダンは、「いや、まだ遅い」と言って、私に目指しているスピードで弾いてみせてくれた。少なくとも2倍の速さである。「主旋律がまだうまく弾けないんだ。できるとは思うけど、なかなか自分が欲しいような音が出てこない」。音を外すと、ジョーダンはそう言って謝った。彼は私に、主旋律パートの連続音が何本もの弦にまたがっていて、速く弾くのが難しいことを説明してくれた。「指をものすごく広げないと弾けないんだ」

私が頼むと、ジョーダンはこの曲の練習計画を説明してくれた。

まず、スローテンポで弾いて望み通りの効果を得る。つまり、フレット上で隙間なく指を上下に走らせている間に、メロディーラインの主音を響かせるのだ。それから、思い通りに弾けないくらいに速度を上げていくのだ。ジョーダンはこれを何度も繰り返す。

「これは肉体的にも精神的にも訓練になるよ。こうやって違うメロディーやなんかを追っていく。ピアノを弾くなら、すべてが目の前に揃っているから指10本が互いに邪魔になったりしない。でも、ギターを弾くときはどの指がどこを弾くか計画的にいかないとね」

彼は新しい曲に取り組むこの作業を、「テクニック中心」の時間、と呼んでいる。

コンサートの準備がない日は、いつもこれくらい熱心に、自分が容易に弾けるスピードよりちょっと速めに、2、3時間ぶっ続けで練習している。

最終的にどのくらいで新しい技がマスターできるのかと尋ねると、「たぶん1カ月くらい」と予測した。それからもう一度、練習に戻るのだった。

はっきりと言っておくが、ジョーダン・タイスが「自分のしていることを好きか」どうかはどうでもいい。

なぜミュージシャンになろうと思ったのか、ギターが彼の「やりたいこと」なのかどうかもどうでもいいのだ。「ミュージシャン」のキャリア・パスは特別で、子どもの頃の特殊な環境や幸運によって決まることが多い（事実、ジョーダンの両親はブルーグラスのミュージシャンで、その影響で幼い彼がギターに熱中したことは明らかだ）。

だから、私は演奏家のキャリアのバックグラウンドが、その他の人々とそれほど関係があるとは決して思わない。ジョーダンの話で本当に面白いのは、**日々、仕事にどう取り組んでいるか**にある。ここに、心から好きな仕事の探求に大きな価値のある解決法が潜んでいることがわかったのだ。

いいから「突き抜けたヤツ」になれ！（ただし時間はかかる）

ジョーダンに出会うきっかけは、2007年のテレビ番組「チャーリー・ローズ・ショー」（各界の有名人にチャーリー・ローズがインタビューする）のエピソードにさかのぼる。チャーリー・ローズ（公共放送サービスの司会者であると同時に自らの番組のエグゼクティブ・プロデューサーも務めるベテラン放送人）は、コメディアン兼脚本家であるスティーブ・マーティンに、彼の自叙伝 *Born Standing Up*（『コメディアンに生まれて』）[*2]についてインタビューしていた。

マーティンはこんなふうに話していた。

「誰かの自叙伝を読むと、僕はいつもいらいらしてこう言うんだ。『肝心のところが抜けているじゃないか。いったいどうやったら一発でコパカバーナへの出演をゲットできるオーディションに巡り合えるんだ？　どうしてそうなったんだい？』とね」

マーティンが自叙伝を書いたのは、その「どうやって」という質問に答えるためであり、少なくとも自分がコメディアンとしてどのように成功を収めたかに関して答えるためである。それを聞いて私は圧倒された。インタビューの終わり5分、ローズがマーティンにコメディアンを目指す人へのアドバイスを求めた際の、マーティンの言葉を引用しよう。

「僕のアドバイスなんて誰も聞かないよ。だって、みんなが聞きたがっている答えを僕が言わないからさ。みんなが聞きたいのは、『こうやって事務所と契約する』『こうやってネタを書く』、そんなアドバイスだ。でも、僕はいつもこう言うんだ。『**いいから突き抜けたヤツになれ!**』」

マーティンはこうつけ加えた。

「『どうやったら本当にうまくなれるのだろう』と考え始めたら、だんだんと人が集まってくるようになるものさ」

マーティンを一躍スターの座に押し上げたのは、まさにこの人生哲学だ。

彼はまだ20歳のときに、**自分の芸を一新して、何かとてつもなくすごい、誰もが思わず注目してしまうようなものにしようと決意した**。

「当時のお笑いはどれも前フリとオチばかり。月並みなナイトクラブのコメディアンばかりだったので、もっと洗練されたものにできるはずだと思った」とマーティンは言う。*3

「チャーリー・ローズ・ショー」でのインタビューを受けた頃に出た記事で、マーティンは当時の進化をこう解説している。

「オチがなかったらどうだろう。伏線がなかったらどうか。テンションを上げ続けて最後まで緩めなかったらどうだろう。クライマックスに向かっていきながら、アンチクライマックスにしたらどうなるだろうか」[*4]

マーティンが客に、「そろそろお約束のマイクに鼻をぶつける時間です」と言う、有名なネタがある。マーティンが身を乗り出して数秒間マイクに鼻を押しつける。驚いたように後ずさりしてから長々と頭を下げ、仰々しく観客に礼をする。

「客はそのときは笑わずに、次のネタに移ったと気づいてから笑うのさ」

マーティンによれば、「新しい演出がまとまるまでに10年かかった」という。これが爆発的ヒットとなり、彼は名声を得ることとなったが、**そこに至るまでには実は何の近道もない**と、はっきり彼は言う。

「経験を積んでいくことでそのうち自信もついてくる。お客さんはそれを嗅ぎ分けるんだ」

誰もが思わず注目してしまうような「突き抜けた人」になれ。

私がマーティンのインタビューをオンラインで視聴していたのは2008年の冬、大学院生として最後の年を迎えようとしていたときだった。当時、「スタディ・ハック（Study

Hacks)」という、大学生向けのアドバイスを中心とするブログを始めていた。すでに学生用の勉強アドバイス本を2冊出版していたので、そこから思いついたのだ。マーティンの名言を聞くとすぐに、その発想をブログの読者に紹介した。[*5]

私は「確かに怖いけれど、それよりも解放感を覚える」と結論づけた。

やった時間を記録する「タイムログ戦略」で目の前の仕事に集中する

大学院生としてのキャリアが残り少なくなるにつれて、私は自分の研究を宣伝することばかりに夢中になった。自分がやっている研究の内容についてウェブサイトで説明しては修正する、の連続だった。これには非常に挫折感を覚えた。自分の研究はこんなに面白いのだ、と世間を説得しようとしても、誰も気にかけてくれなかったからだ。マーティンの名言によって、私はこの自己PRから一時的に逃れることができた。

「細かいことにこだわるのはよせ。もっと研究内容をよくすることに集中しよう」

彼から刺激をもらい、私はウェブから距離を置き、今日に至るまで「ある習慣」に着目し続けてきた。つまり、研究課題を真剣に考えた時間数を、記録することにしたのだ（ちなみに、この章を初めて書いた月は、その主要作業に42時間をかけた)。

この「タイムログ戦略」のおかげで、私は自分の仕事の質に集中的に目を向けることができた。しかし同時に、まだすべては解決できていないようにも思えた。

マーティンの進歩的な考え方全体の意味するところを私はまだ把握しきれていない、そう感じたのだ。後に、どうすれば人は結果的に自分の仕事を心から好きになるのかを解き明かそうと探求を始めたとき、私は当然のようにマーティンのアドバイスに戻ってきた。

素晴らしいキャリアを築くためにはマーティンの考え方が重要な役割を果たす、と直感的に悟った。そこから、先ほど紹介したプロギタリストのジョーダン・タイスにたどり着いたのだ。

すなわち、この名言を本当に理解しようと願うなら、その名言通りに働いている人々を理解すべきだ、と考えたのである。


ジョーダンが自分の日課について話すのを聞いて、私は、彼がマーティンとまったく同じように、自分の創作に重点的に取り組んでいることに感動した。

思い出してほしい。

ジョーダンは何時間もかけて毎日、毎週、修道院のような家具もない部屋にこもって、書いている曲を少しでもいいものにしようと、くたくたになるまで新しい奏法のテクニックを磨いている。この音楽にかける熱心さは同時に、彼が気の毒なほど謙虚であることに結びつく。ジョーダンにとって、うぬぼれは意味がない。ジョーダンは言う。「僕が大切にしていること、それは有意義なものを創り出して、それを世界に発信すること」

ジョーダンとの出会いに触発されて、マーク・キャスティーブンスと連絡を取った。ベテランミュージシャンの立場から、演奏家の職人マインドについての冷静な意見を得るためだ。

マークはナッシュビル出身のスタジオ・ミュージシャンで、最近の業績としては、ビルボード・シングル・チャート第1位のうち、実に99曲に参加してきたことが挙げられる。ジョーダンについて尋ねると、確かに、演奏の質の向上を突き詰めるのがプロの音楽業界のルールだ、ということにマークは賛同した。

「ルックス、機材、人格、コネ、これらに勝る切り札は演奏の質をおいてほかにはありません。スタジオ・ミュージシャンには『テープはウソをつかない』という格言があります。レコーディング後すぐに再生するので、自分の能力を隠す場所はどこにもありません」

私は「テープはウソをつかない」というフレーズが気に入った。ジョーダン、マーク、スティーブのようなパフォーマーのモチベーションをうまく一言で表現しているからだ。

突き抜けた存在になることに集中しないと、忘れ去られるのである。

この明確さはすがすがしかった。

わかりやすくするために、この**アウトプット中心のアプローチを、「職人マインド」**と名づけよう。

ルール2「今いる場所で突き抜けよう！」の目的は、ジョーダンのようなパフォーマーを研究すればするほど見えてきた、私の考えを納得してもらうことだ。あなたがどんなタイプの仕事に就いているにせよ、**心から好きなキャリアを築くには「職人マインド」が不可欠だ。**次に進む前に、この職人マインドと、職業について私たちの大半が慣れ親しんでいる考え方とを比べてみよう。

「仕事が自分に何を与えてくれるのか」では不満だらけになる

『ファスト・カンパニー』誌の2002年のマニフェストに、『このつまらない仕事を辞めたら、僕の人生は変わるのだろうか？』（アスペクト、2004年）の著者でもあるポー・ブロンソンはこう書いた。

「自分がいったい何者なのかを問いただして、それを本当にやりたい仕事と結びつける。そうすることで人は成功する」[*6]

まさに「〝好き〟を仕事に」幻想を信じている人なら、思わず口に出してしまうアドバイスだが、ルール1では、このアドバイスは誤りだとした。

このことを踏まえて、このブロンソンが推薦する仕事に対するアプローチを**「願望マインド」**と呼ぼう。

職人マインドが、「あなたは何を世界に与えることができるか」を重視しているのに対して、願望マインドは、「世界はあなたに何を与えてくれるか」を重視している。大半の人の仕事へのアプローチは後者である。

私が願望マインドを嫌うのには2つの理由がある。

1つ目は、「仕事が何を与えてくれるか」のみを考えていると、現状の自分の仕事のイヤなところが過度に目につき、慢性的な不満をもたらすからだ。これは特に新入社員に当てはまる。

というのも、その名の通り、新入社員には、やりがいのあるプロジェクトや自由は与えられないからだ。それらはもっと経験を積んでから与えられる。割り当てられたうっとうしい仕事や、社内の官僚体質は、願望マインドを胸に抱いて実社会に出た新人の手に余る。

2つ目はさらに深刻だ。

「自分は何者なのか」「自分が本当にやりたいことは何か」といった、願望マインドがもたらす深刻な問題は、本質的に明確な結論を出すことができない。

「これが本当の私なのか」「これが本当にやりたかったことか」という問題に、「はい・いいえ」で答えが出ることはほとんどない。

つまり、願望マインドは、あなたを永遠に不幸にし、途方に暮れさせることを保証するようなものだ。そういうわけで、ブロンソンが著書『このつまらない仕事を辞めたら、僕の人生は変わるのだろうか？』の冒頭でこう述べているのも頷ける。

「人は誰でも、自分を知るさまたげとなる心理的障害物をかかえているらしい[*7]」

今の仕事が本当にやりたい仕事かどうかは、ひとまず横に置く

さて、ここまで私は2種類の仕事に関する考え方を提示した。

1つは**「職人マインド」**で、あなたが世界に与えることができるものに焦点を当てている。もう1つは**「願望マインド」**で、世界があなたに与えることができるものを重要視している。

職人マインドは明快だが、願望マインドは曖昧で解答不可能な問題にまみれている。

職人マインドには解放感が伴う。仕事が自分にジャストフィットしているかどうかを気にかける自己中心的な考えは忘れ、代わりに、足元を見て自分の仕事をコツコツやろうじゃないか。職人マインドはあなたにそう呼びかける。あなたに素晴らしいキャリアを約束する義務は誰にもない。自分で築き上げるのだ。そしてその過程は生やさしいものじゃない、と。

そういうわけで、ジョーダン・タイスのような音楽家の迷いのなさをうらやむのはごく自然なことだが、ここにルール2の中心テーマがある。職人マインドは、指をくわえてうらやむものではなく、実行あるのみ、だということ。

つまり私が提案するのは、自分の今の仕事が本当にやりたいことなのかはひとまず置いて、誰もが思わず注目してしまうくらいに、それをうまくやってみてはどうか、ということだ。その仕事が何であれ、真のパフォーマーがやるようにアプローチしてみるのだ。

このようにマインドを変えて、私自身の探求はわくわくするほどに発展した。

しかし、簡単に変われる人とそうでない人がいる。職人マインドをブログで紹介し始め

職人マインドと願望マインド

職人マインド	願望マインド
あなたが世界に与えることができるものに焦点を当てる	世界があなたに与えることができるものに焦点を当てる
明快である	曖昧で解答不可能な問題にまみれている
解放感が伴う	慢性的な不満をもたらす
実行あるのみ	途方に暮れるばかり

たとき、読者の中には不快感を示す人もいた。彼らの反論のポイントは1つに集約されるので、先を続ける前にここに紹介しよう。

ある読者はこう評している。

「ジョーダンが他のことには見向きもせずに延々と練習するのを厭わないのは、それが彼のずっと求めていた本当にやりたいことだからだ。ジョーダンは自分にピッタリ合った職を見つけたからなのだ」

私はこの手の反論を何度も聞かされたので、これを**「『やりたいこと』ありき論」**と名づけることにした。要するに、職人マインドが適用できるのは、すでに自分の仕事が好きでたまらない人々のみだ、という考え方である。だから職人マインドは願望マインドの代わりにはならないと言うのだ。

わくわくする夢より「不安という名の現実」がモチベーションになる

私はそうは思わない。

まず、ジョーダンやマーティンのような音楽家やエンターテイナーは天職に出会ったことを確信している点で安泰だろうという思い込みから片づけていこう。

プロのタレント、特に駆け出しの新人と過ごしたことがあれば、彼らの生活不安がいかに根強いかに気づくはずだ。ジョーダンは、友人がどうやって生計を立てているのか、また自分は彼らに引けをとらないくらいうまくやれているのかという心配事を、「気がかりの雲」と名づけている。

この雲との戦いは進行中だ。同様にスティーブ・マーティンも芸風の変革への専心は10年にも及んだが、その間ずっと不安であり、定期的に襲う深刻な不安発作に苦しんだ。彼らのようなパフォーマーが抱く職人マインドの源は、自分が１００％やりたいことをやっていると確信しているかどうかではなく、もっと現実的だ。

エンターテインメント業界で有効なのは、この現実性だ。

マーク・キャスティーブンスが教えてくれたように、「テープはウソをつかない」。ギタリストでも、コメディアンでも、自分の表現するものがすべてである。真の天職に巡り合ったかどうかに意識を集中させていたら職を失ってしまい、その問題そのものが意味をなくすだろう。

次にもっと根本的なことを言うと、パフォーマーたちがなぜ職人マインドを受け入れるのかは私にはどうでもよい。前に述べた通り、この業界は特殊であり、彼らの行動の動機になるものは一般化できないのだから。

ジョーダンの話に私が注目したのは、職人マインドを実践するとどのようになるのかを見せたかったからだ。つまり、なぜジョーダンがこのマインドを受け入れたのかは忘れて、代わりにどうやってそれを展開していったのか、に着目しよう。

まず、職人マインドを受け入れよう。

そうすれば、「やりたいこと」は後から必ずついてくる。

第5章 「キャリア資本」を手に入れよう

素晴らしい仕事の実現には何が必要か

第4章で、私は大胆な提案をした。

自分のしていることを心から好きになるには、「願望マインド（世界は私に何を与えてくれるのか）」を捨て、代わりに「職人マインド（私は世界に何を与えられるのか）」を採り入れなさい。

この論を展開するために、私は「素晴らしい仕事を実現するには何が必要か」というシンプルな問いかけから始めた。

答えを探していくうちに、具体的なことがわかってきた。

ルール1「『やりたいこと』は見つからない」では、素晴らしい仕事をしている、自分の仕事を心から好きな（あるいは、好きだった）人の例をいくつか取り上げた。

そこから何人か選んでみよう。とりわけ、アップル創業者のスティーブ・ジョブズ、ラジオ・パーソナリティのアイラ・グラス、そしてサーフボード作りの達人、アル・メリックの3人を一貫した手本としよう。そしてこの3人のキャリアの、特にどの点が彼らの仕事を魅力的なものにしているのかを考えてみると、次のような「条件」が得られた。

素晴らしい仕事を決定づける、3つの条件

1. 創造性（Creativity）
2. 影響力（Impact）
3. 自由度（Control）

1. **創造性（Creativity）** アイラ・グラスはラジオの新境地を開く過程で、たくさんの賞を受賞している。
2. **影響力（Impact）** Apple IIからiPhoneまで、スティーブ・ジョブズはデジタル時代の私たちの生活を変えてしまった。

3．自由度（Control）

アル・メリックに向かって、起床時間や服装をとやかくいう人はいない。彼は9時から17時勤務のサラリーマンではない。アルの「チャンネル・アイランド・サーフボード」工房は、サンタバーバラのビーチから1ブロックのところにあり、アルは今でもサーフィンをして過ごしている（バートン・スノーボードの創設者であるジェイク・バートン・カーペンターは、アルと2人、海で波待ちをしている間に、互いの会社の合併を話し合った思い出を語っている）。

もちろん、このリストがすべてではないが、あなたが自分自身の「やりたいこと」というファンタジーを思い浮かべる際には、「このうちのどれかが組み合わさっていればいいな」と感じるはずだ。

ここからさらに本当に重要な問題に進もう。
どうしたらこれらの「3つの条件」を自分の仕事で満たせるのだろうか。

このような問題を研究し始めてすぐに、私はこれらの「条件」を備えた仕事はめったにないことに気づいた。従業員の仕事ややり方に、創造性、影響力、自由度を求める職場はほとんどない。

あなたが最近大学を卒業したばかりの新入社員だとしよう。「冷水機を替えてこい」とは言われても、「世界を変えてこい」とは言われないものだ。

経済学の基本原則で「仕事」を考えてみると……

先に述べた3つの特性は素晴らしい仕事を成功に導く鍵になるのだから、当然、貴重なものである。ここでいったん、誰もが知っている基本原則を見ていこう。経済学の基本原則によれば、もしあなたが希少で価値あるものを要求するなら、あなたはそのお返しに、希少で価値あるものを提供しなければならない。

これが需要と供給の基本だ。

つまり、あなたが素晴らしい仕事を要求するなら、あなたはそのお返しに何か非常に価値のあるものを提供しなければならないのだ。これが真実なら、例の3人の話からわかるはずで、確かにその通りなのである。何を探すべきなのかわかったところで、この魅力的なキャリアにおける取引の側面が明らかになってきた。

スティーブ・ジョブズについて検討してみよう。

ポール・テレルのバイト・ショップに足を踏み入れたとき、ジョブズはまさに希少で価値のあるものを持っていたのだ。それは当時スタートしたばかりの市場で、より進んだパソコンの1つであったApple Iの回路基板だった。

回路基板100個分のオリジナルデザイン代金を手に、ジョブズはキャリア上の自由を獲得した。しかし、古典派経済学で言うと、仕事でさらに貴重な特性を得るためには、ジョブズは「自分が与えることのできる価値」をもっと増やさなければならなかった。

このタイミングでジョブズのビジネスの成長は加速していった。ジョブズはマイク・マークラが投資した25万ドルを元手に、スティーブ・ウォズニアックと共に、誰の目から見ても間違いなく素晴らしい、新しいコンピュータのデザインをプロデュースした。

ベイエリアのホームブリュー・コンピュータ・クラブにはジョブズやウォズニアックの技術に匹敵するようなエンジニアは、ほかにもいた。しかし、ジョブズには鋭い洞察力があり、投資を受けて技術面のパワーを完全な完成品としてのコンピュータ制作に注ぎ込んだ。

その結果、Apple IIという、競合相手を引き離すコンピュータができた。それは高解像度のカラー・グラフィックスとサウンド機能を備えていた。オープンアーキテクチャなので、メモリーや周辺機器（例えば、フロッピーディスクは一般向けとしてはApple IIで初めて使われた）の急速な拡大が実現した。

Apple IIによって会社は有名になり、取るに足りない起業家だったジョブズを、一躍ビジョナリーカンパニーのトップへと押し上げたのだ。

ジョブズが貴重なものを生み出したからこそ、見返りに彼のキャリアには創造性、影響力、自由度が注入されたのである。

下っ端集団から抜け出そう

「ディス・アメリカン・ライフ」という、そのジャンルのスタンダードとなった公共放送の人気ラジオ番組がある。ラジオ・パーソナリティのアイラ・グラスが、この番組制作のチャンスを与えられたのは、「公共ラジオ放送局で、もっともすぐれた編集者でありパーソナリティである」と、ようやく認めてもらえてからだった。

グラスはインターンから始めて、NPR（ナショナル・パブリック・ラジオ）の番組「オール・シングス・コンシダード」のテープカッター（録音テープを切り貼りする担当者）になった。グラスと同じ道をたどる若者は非常に多い。NPRの地方局でインターンとして働き、下っ端として制作部門に異動する。だが、グラスはその「下っ端集団」から抜け出した。

彼は自分のスキルを磨いて、希少で価値あるものに高めることに集中したのだ。

彼は番組編集をしっかりこなしていたことから、それが功を奏して自分の番組のいくつかの司会を務めることになった。ちなみにグラスの声は、ラジオ・パーソナリティとしては救いがたい難点があった。にもかかわらず、賞を取るなど頭角を現してきた。彼には潜在的に編集の才能が備わっていて、それが重要な役割を果たした可能性もある。

だが、ここでルール1「『やりたいこと』は見つからない」を思い出そう。グラスは、「スキルを磨くには勤勉さが欠かせない」と強調している。

「私を含めてクリエイティブな仕事をする人はみな、いわゆる『ギャップ』を感じることがあるんだ。制作中のものの出来がイマイチだ、という感じ……わかるだろ。いい線いってるんだけど、そこまではよくないんだよ、という具合にね」

彼はキャリアについてのインタビューでこう語る。*1

「大切なのは、仕事をとことんまでやること、スキルが身につくまでがんばることだ。そこが一番きついんだけどね」

グラスの話を読めば読むほど、ひとりの若者が、スキルを磨くことに専念し、やがてそれが誰の目にも明らかなほど「価値のある貴重なもの」へと発展していったことがわかるだろう。

この戦略は効果があった。

「オール・シングス・コンシダード」の短い番組で成功を収めた後、グラスはシカゴのW

ＢＥＺ（公共ＦＭラジオ局）が制作した、地方局の帯番組で共同司会者を務め、さらに自分のスキルの価値を高めることになった。１９９５年、ＷＢＥＺの局長が全国的な番組販売を目的として、司会者に番組内容の決定権が与えられるスタイルの番組を企画した。それが「ディス・アメリカン・ライフ」で、グラスが司会者であった。

今日の彼のキャリアは、創造性、影響力、自由度に富むが、彼の話を読むと、経済的にも豊かであるのは確かなようだ。グラスは苦労して手に入れた希少で価値のあるスキルと、素晴らしい仕事を交換したのである。

やりたいことは、結果として与えられるものである

アル・メリックからも同様のストーリーが聞けるとしても驚くにはあたらない。

メリックがサーフボード・シェイパーとしてのキャリアを歩み始めるきっかけになった「希少で価値のあるスキル」は、非常にわかりやすい。

彼のサーフボードは、コンテストで優勝を重ねている。ここで注目すべきは、「いつもそううまくいくわけではなかった」ということだ。

メリックはボード作製者として数年働くうちに、ファイバーグラスのシェーピング技術を習得した。そしてサーフィンは断続的に続けるうちに学んでいった。サーフボードを念

入りに作り上げるスキルが、希少で価値のあるレベルに到達するまでには、非常に長い時間がかかった。

「仕事に取りかかるときは、失敗が怖い。このボードを注文してくれたのは世界チャンピオンだし、もしボードに問題があったらどうなるんだ、と。そう考えるとますます一生懸命になるし、必死になってサーフボードを完璧に仕上げようと努力するんだ」

メリックはこう回想した。ビーチから1ブロックの場所にオフィスを構え、すぐにでもサーフィンに出かけられる自由もある。最高だ。

だがそれは、単に与えられた仕事ではない。

この仕事を得るためには、引き替えに希少で価値のあるスキルが必要だとメリックは悟ったのだ。有名なプロサーファーがメリックの作ったボードで優勝すると、もう彼にああしろこうしろと言う人はいなくなった。

素晴らしい仕事を手にするための「キャリア資本論」

素晴らしい仕事を決定づける条件は、希少で価値があることである。

需要と供給理論によると、あなたが希少で価値のある「条件」を要求するならば、見返りに希少で価値のある「スキル」を提供しなければならない。つまり、「突き抜ける」ことだ。

この、あなたが提供できる希少で価値のあるスキルが、キャリア資本となる。

この考え方を、**「キャリア資本論」**と言おう。

自分が生み出すものにひたすら焦点を当てる職人マインドは、できるだけ多くのキャリア資本を身につけることを目指す人には、まさにぴったりだ。

願望マインドよりも職人マインドを強く推す理由は、ここにある。

願望の存在や勤勉の価値について、あれこれ理屈っぽく議論するつもりはない。私はきわめて現実的であろうとしている。いい仕事を得るには、まず自分がいいスキルを身につけなければならない。職人マインドは、まさにそのゴールを達成するためにあるのだ。

「ひとさじの勇気」さえあれば、やりたいことは見つかる？

２００９年夏、『ニューヨーク・タイムズ』に、ほんの2日違いで掲載された2つの記事、それは願望マインドと職人マインドの違いを強調するものだった。

最初に出たのはリサ・フォイアーの記事だった。*2 38歳で広告・マーケティングの職を辞した。サラリーマンとしての制約に疲れ、彼女はこれが自分の天職なのかと疑問を感じた。

「夫が事業を始めたのを見て、私にもできる、と思いました」

それで起業を決意したのだ。

記事によると、フォイアーは200時間のヨガ講師養成コースに登録し、住宅担保ローンを使って4000ドルの授業料を支払った。コース修了証を手に、彼女はカーマ・キッズ・ヨガという教室を開き、子どもと妊婦を中心にヨガを教えた。

「自分の仕事が本当に好きです」

フリーランスとして起業する厳しさを正当化しようと、彼女は記者にそう答えた。

彼女を支えたのは願望マインドだ。

天職という伝説に心を奪われている人々にとって、快適な生活と願望を引き換えにすることほど英雄的な行動はない。願望マインドの支持者で、『キュービクル・ネーションからの脱出』[*3]の著者であるパメラ・スリムについて考えてみよう。スリムは自身のウェブサイトに、よくある例として、このような会話を載せている。

スリム　「で、あなたは計画を実行に移す覚悟はできましたか?」

相談者　「わかってはいるんですけど、できるかどうかわかりません。成功した(アーティスト)(コーチ)(コンサルタント)(マッサージ師)のふりなど私にできるものですか。ほかの人が私のウェブサイトを見たら声を出して笑ってしまいますよ。この私が、そのようなサービスを提供しようと考えているなんて。私にコンタクトしてくる人などいるでしょうか?」

スリム　「あなたのその考え方を、ちょっと変えてみましょう」*4

このような出会いをきっかけに、スリムは「考え方を変えよう」なる電話カウンセリングのセミナーを始めた。目的は多くの人々に「やりたいこと」を追いかける勇気を与え、ヨガ講師となったリサ・フォイアーのようになってもらうことだ。

セミナー受講案内には、「なぜ私たちは他人の成功を真似ようとして失敗するのか」「世界規模の行動に出る勇気を持つにはどうしたらよいのか」といった質問にスリムが答えてくれる、とある。受講料は47ドル（約5000円）だ。

「考え方を変えよう」は、「勇気」を後押しする一例である。

あなたとやりたい仕事の間に立ちふさがるもっとも大きな障害は、勇気の欠如である。「他人の成功の定義から一歩離れて、自分自身の夢を追いかける」という勇気の問題だ。こういった考えを推す作家やオンライン解説者はますます増えている。この考え方は、願望マインドの背景を理解してこそ、つじつまが合う。

もし完璧な仕事がどこかで私たちを待ち受けているなら、その「やりたいこと」を追い求めないような毎日は、時間のムダである。この観点から見ると、フォイアーの行動は勇敢で、遅すぎるほどだ。

だが、「キャリア資本論」から見ると、カーマ・キッズ・ヨガ教室が、危ういギャンブルのように思えてくる。

「やりたいこと」を追い求めた先にあったものは……

願望マインドのマイナス面は、これまでのメリットが帳消しにされることである。スリムのような願望マインド支持者にとって、創造性、影響力、自由をもたらすフリーランスのキャリアは容易なものだ。失敗するようなことでも、とりあえずスタートさせてしまえばよいのだから。

「キャリア資本論」はそうは考えない。素晴らしい仕事をするには単に勇気だけではなく、価値ある（本物の）スキルが必要だと説く。

フォイアーは広告業界を去ってヨガ教室を開いたときに、マーケティング業界で長い間かけて身につけた「キャリア資本」を捨ててしまった。しかも転職先は、キャリア資本がほとんどゼロに等しい、ヨガという前職とは無関係の世界。ヨガの人気を考えると、1カ月間トレーニングを受けた程度のフォイアーは、スキルのレベルでは最低ランクに近いだろう。そのレベルのスキルでは、誰にも注目されることはない。キャリア資本論によれば、現時点での彼女のヨガの仕事には、価値（希少性）がほとんどないことになる。

それゆえ、ついに来るべきときが来たのだった。

不況が襲った2008年、フォイアーのビジネスは苦戦を強いられた。彼女が教えていたジムの1つは閉店した。地元の公立高校で担当していた2つのクラスもなくなり、経済状況が落ち込むにつれて、個人レッスンは減っていった。2009年、新聞に紹介された頃には年収が1万5000ドル程度になっていた。記事の終盤に、フォイアーが記者に送ってきた携帯メールが載っている。

「今、食料配給券をもらうために並んでいます。iPhoneより送信」

広告会社を辞めて、小さな会社を起こす

フォイアーの紹介記事のわずか2日後、『ニューヨーク・タイムズ』はもう1人の広告会社マーケティング部門の責任者である、ジョー・ダッフィーを紹介している。[*5]

フォイアー同様、ダッフィーも広告会社で働いていたが、いつしかサラリーマン生活の制約に人生をすり減らしていた。彼は振り返る。

「広告会社の仕事に飽きていました。もっと人生をシンプルにして、クリエイティブな面にもう一度集中したかったのです」

ダッフィーはもともとアーティスト。テクニカル・イラストレーターとして広告業界に入ったのは、絵で食べていくのが難しかったためだ。願望マインド支持者なら、ダッフィーのような立場の人に、「広告などやめてクリエイティブな芸術の世界に戻りなさい」と励ますだろう。

だが実は、ダッフィーは職人マインドの持ち主だ。現在の仕事の制約から逃げ出す代わりに、そこから抜け出すために必要な「キャリア資本」を、習得することにしたのである。

彼はやがて、ロゴとブランドマークのデザインで国際的に有名になった。スキルが向上するにつれて選択肢も広がった。最終的に彼はミネアポリスに本社を置くファロン・マクエリゴット社に採用され、ダッフィー・デザインズという子会社を任されることになった。

彼は自分のキャリア資本で「自由」を買ったのである。

ファロン・マクエリゴット社でソニー、コカ・コーラなどの大企業のロゴを担当して20年、ダッフィーはもう一度さらに自由度を高めるためにキャリア資本に投資した。

今度は自身の会社、社員15人のダッフィー&パートナーズを始めたのだ。この起業家としての動きはフォイアーとは非常に対照的だ。ダッフィーは十分なキャリア資本を築いた上で――彼は世界でもっともすぐれたロゴ・デザイナーの1人であり、予約待ちのリストがあったほどだ――起業し、すぐに成功を収めた。一方、起業した際のフォイアーの持ち物は、たった200時間のトレーニングと「ひとさじの勇気」だけであった。

できることをやり抜いた後に、やりたいことをやる

しかし、ダッフィーの話がフォイアーに比べてもっとも鮮明に違いを見せるのは、ダッフィーがウィスコンシン州のトタガティク川の岸辺に「ダッフィー・トレイルズ」という100エーカー（東京ドーム約8個半の広さ）の保養所を購入したことだ。

クロスカントリーのスキーに熱中するダッフィーにとって、11月から3月にかけてスキーができる森に囲まれた約8キロものコースがある自然環境は魅力だった。『ニューヨーク・タイムズ』によると、「ダッフィー・トレイルズ」には少なくとも20人のゲストが宿泊できる3棟の建物があり、夏の一番暑い夜、訪問客を虜にするのは、16エーカーの湖の岸辺に立つ東屋だそうだ。

ダッフィーは45歳でこの土地を購入した。ちょうどフォイアーが広告会社を辞めてヨガ

教室を始めた年齢だ。

旅人のひとりは達人への道を選び、もうひとりはただ願望の輝きに向かっていった。前者は業界の成功者となり、金銭面での生活管理も万全で、週末は家族と森で過ごすようになった。後者は食料配給券に頼るはめになった。

悩みもスタートも同じ。だがアプローチは正反対

この比較は必ずしも公平とはいえない。

フォイアーが広告業界を辞めずに、さらに能力の向上を目指してエネルギーを注いでいたら、ダッフィー同様の成功を収めていたかもしれない。しかし、比喩的にはこの話はうまくできている。フォイアーは食料配給券の列に並び、一方同年代のダッフィーは海外での仕事を成功させて帰国し、週末にのんびりとスキーをするためにダッフィー・トレイルズに向かう。このイメージは衝撃的だ。

キャリア資本を築いて得られた効果に比べて、ゼロからのスタートはいかにリスクが高くて不合理であるかをよく表している。

フォイアーもダッフィーも仕事に同様の問題を抱えていて、ほぼ同時期に表面化していた。しかも2人とも「自分の仕事を心から好きになりたい」と望んでいたが、**2人のアプローチは異なっていた。**結果的に、明らかに勝者はダッフィーのプロフェッショナルへのこだわりであった。

これが天職なのかと悩む必要はない

この章を書き始めて間もなく、ジョンという名の、大学を卒業したばかりの長年のブログ読者からメールをもらった。

税務コンサルタントとしての仕事に懸念を抱いているという。自分の職は「それなりに面白い」仕事ではあるが、勤務時間は長いし職務は厳しい規定だらけで、突き抜ける存在になるのは難しいのではないか、というのだ。「ライフスタイルが気に入らないことはさておき、気になるのは自分の仕事に、より大きな目標がないことです。実際、これがもっとも痛いところです」とジョンは書いている。

本章では、職人マインドを支持し、願望マインドに反対してきた。

職人マインドがスリリングであることの1つには、職種にとらわれないことがある。

素晴らしい仕事を決定づける条件は、「キャリア資本」によってもたらされるのだ。キャリア資本は、内なる願望と自分の仕事を結びつけることから得られるのではない。したがって、これが天職なのかと悩む必要はない。どんな仕事であれ、素晴らしいキャリアの基礎となるのだから。

この理論を知ったジョンは、その考えを、自分の税務コンサルタント職に取り入れようと悪戦苦闘して、私にメールをくれたのだ。自分の仕事が好きではないジョンは、良い職人のように、文句も言わずにひたすらスキルが上達するまで続けるべきなのか知りたかったのである。これは重要な問題であり、私はジョンにこう答えた。

「君は今の仕事を辞めたほうがよいと思う」

熟慮の結果はっきりしたのは、キャリア資本論が当てはまらない職業がある、ということだ。ジョンの助けになろうと、私はリストを作り、心から好きな仕事を築くために十分な基礎を提供してくれる仕事として不適格な3つの条件を示すことにした。

「キャリア資本」にならない3つの仕事

1．希少で価値のあるスキルを磨くことで他人との差別化が図れる機会が、ほとんどない仕事

2. 役に立たない、もしくは世界に悪影響をもたらすとあなたが思う仕事
3. ものすごく嫌いな人たちと一緒にせざるを得ないような仕事[*6]

これらの特性のいかなる組み合わせも、キャリア資本の構築と投資を挫折に導くものである。

1. の条件に当てはまるような、差別化を図れない仕事は、そもそもスキルの上達が不可能である。

また、2. 3. の条件が当てはまる仕事は、キャリア資本の準備はできるかもしれないが、目標に達するまでには相当なストレスを抱えて、長い時間続けなければならない。ジョンの仕事は最初の2つに当てはまるので、辞める必要があった。

別の例を挙げよう。

この本を書いている間もそうなのだが、MITのコンピュータ・サイエンスの専門家として、私はウォール街のヘッドハンターたちから多くのメールをもらう。

金融業はスキルを磨くにはもってこいの職であり、また勤務時間に対して報酬額もかなりのものだ。

「ウォール街でもほんのひと握りの会社だけ。3、4社ですよ、どこよりも高額の報酬を払うのは。うちはその1社です」

最近私に接触してきたヘッドハンターのひとりはこう言った（後で友人から聞いたのだが、このような会社の初任給は年収2000万円以上だということだ）。だが、私にとってこの会社はリストの2.「役に立たない、もしくは世界に悪影響をもたらすとあなたが思う仕事」の条件を満たしている。このことに気づいて、このような会社からの申し出がきても、自信を持って断ることにした。

しかし、ここで特筆すべき大切なポイントは、これらの不適合の条件も、ある職種が内なる願望にぴたりと当てはまるかどうかとは、まったく関係がないということである。

これらの条件はもっと一般的なものにすぎない。だから、今の仕事にふさわしい働き方をすることは、自分にふさわしい仕事を見つけることに勝るのだ。

ここまで、私は職人マインドのよさを宣伝し、さらに例外リストを作ることで公正さを加えた。そろそろ実際の活動に目を向けてみよう。

第6章
キャリア資本家たちの成功プロセス

2人のキャリア資本家の話

アレックス・バーガーは31歳、成功したテレビドラマの脚本家であり、自分の仕事を心から気に入っている。マイク・ジャクソンは29歳、クリーン・テクノロジーのベンチャー投資家であり、同じく自分の仕事を愛している。

この章は2人について語る。この2人は少々複雑な職人マインドを十分活用し、とても素晴らしい暮らしを作り上げた。アレックスとマイクは「やりたいこと」を追い求めるのではなく、スキルを磨くことに集中し、そこから生じた「キャリア資本」を利用して魅力的なキャリアを身につけていったのだ。

テレビ局の作家選びという超狭き門と、その先にあるもの

あなたがテレビ局にシリーズものの脚本家として雇ってもらいたいと思ったとしよう。第一歩は、これから話すジェイミーのような人を「超える」ことから始まる。

ジェイミーは20代後半で、全国ネットの番組用の脚本家選考に関わるようになった。彼の本名も番組名も伏せておくことを条件に、業界についてちょっとだけ覗かせてもらったところ、テレビ脚本家業は、やすやすとものにできるような仕事ではないことがわかった。

ジェイミーによれば、脚本家の選考はこのような仕組みだ。

まず、プロデューサーがエージェンシーに募集をかけ、所属の作家が書いたサンプルの脚本を送ってもらう。ジェイミーの番組には、脚本サンプルの入った封筒が100通届き、ジェイミーがそれを読んだ上で吟味して、採点する。このうちの20かそこらがプロデューサーの手に渡り、次の判断を待つことになる。

覚えておいてほしいのは、プロデューサーはすでにひいきのベテラン作家数人に依頼しているので、この募集で埋まる枠は非常に少ないということ。

つまり、テレビ脚本家の世界に乗り出すのはものすごく大変なのだ。

しかし同時に、なぜ何千人もがここを目標にするのかよくわかる。

とても素晴らしい仕事だからである。

まずは金銭面だ。新人脚本家の報酬はそこそこだ。全米脚本家組合によると、脚本家は週２５００ドル（約27万円）の最低賃金が保証される、という。それを1シーズン26週続けたとすると、半年分の仕事量への報酬としては人並みである。手がけた連続ドラマの成功次第だが、そこから1、２年でストーリー・エディターへと昇進する。

長年テレビの脚本を書いているある作家がウェブマガジン、Salon.comの記事で、ストーリー・エディターについて「全然超しょぼい」と言及している（他の作家が言っているが、「しょぼい」とはいえ、1エピソードで1万ドル以上にはなる）[*1]。

いよいよ面白くなってくるのは次の段階、プロデューサーである。

ここまでくれば、まさに「金がうなっている」のだ。トップの脚本家たちは億の収入を稼ぎ出す。前述のSalon.comには「１００億万長者」なる言葉が出てくるが、長寿番組のプロデューサーの報酬、という意味で、多くの人に使われているという。

新人作家が、どうやってハリウッドに進出したのか

もちろん、他の職種でも大金は稼げる。ゴールドマン・サックスの気鋭の社員なら、30

代半ばまでにはボーナスを含めて億はたたき出せるし、一流法律事務所のパートナーも、30代の終わりには同様の金額に達するだろう。だが、ウォール街とハリウッドの仕事スタイルは圧倒的に違う。

想像してみよう。メールもない、深夜に及ぶ契約交渉もない、複雑な債券市場や法的前例に精通しなくてもよい。

脚本家のやることはただ1つ、すぐれたストーリーを作ることだ。

締め切りに追われるため、神経を張りつめる仕事ではある。しかしそれもたかだか半年だ。非常にクリエイティブな仕事であり、短パン姿でもいいし、なんといってもケータリングの食事が素晴らしい。食事のことは何度も力説された（ある情報によると、脚本家は食事にはうるさいそうだ）。

第5章で紹介した言葉を使って言い換えよう。テレビの脚本家が魅力的なのは、それが仕事を心から好きになる3つの特性、すなわち**影響力**、**創造性**、**自由度**を備えているからだ。

私が出会った頃には、アレックス・バーガーはこのエリート社会になんとか入り込んでいた。彼は最近、パイロット版（見本ビデオ）をUSAネットワークに売った。パイロット版を売るというのは、アイデアを売ることを意味する。テレビ局側の幹部3、4人とミーティングを行い、そこで5分ほど自分のアイデアを売り込むのだ。

ＵＳＡのようなケーブル・ネットワークでは、幹部たちが週に15から20、このような売り込みのアイデアを聞く。それを現場スタッフとのミーティングへ戻して実際に3、4本を選んで購入する。アレックスのアイデアは、その週購入されたうちの1本になった。

現場にもぐり込み、自分のアイデアを売り込む

アレックスの番組がＵＳＡネットワークで放送されるには、まだいくつかのハードルを越える必要がある。しかし、パイロット版を売ることで、テレビ業界に「この仕事はよくわかっているので任せてください」という強い印象を与えることができるのだ。

この強烈な印象が効いたかのように、ＵＳＡの幹部のひとりがアレックスの作品を気に入って、放映中のスパイドラマのヒット作「コバート・アフェア」のスタッフライターにアレックスを迎えるよう取りはからってくれた。それで、提出したパイロット版の決定を待つ間に、やることができたというわけだ。

いまやアレックスは評判が上がるのを待つ身となった。

これまでに書いた3つの番組用のエピソードは放映されて、彼はここまで上り詰めた。

アレックスの最新作は共同制作の「グレン・マーティンＤＤＳ」というコメディで、これ

まで2シーズンが放映された。要するに、アレックスは狭き門より業界入りを果たした、名の知れた作家であることは間違いない。**問題は、どうやったのか、である。**

テレビの脚本家業がなぜ参入するには厳しい業界かと言うと、実際、それが「勝者ひとり勝ち市場」だからである。ここでは1種類のキャリア資本、つまり作品の質だけがものをいう。何千人もが希望を胸にこの資本を手に入れて、数少ない買い手を印象づけようとしているのである。

しかし、この点でアレックスには勝ち目があった。ダートマス大学在学中、アレックスはすぐれたディベーターとして活躍した。2002年には、全米ディベート大会で最高位を獲得すると同時に、ベスト・スピーカー賞を受賞した。ディベートの上手下手の違いには何の秘密もない。採点方法は明確に決められている。したがって、全米で最優秀のディベーターになるために、アレックスはディベート術を継続的に高めるスキルをマスターする必要があった。

彼の話を聞くうちに、私はまさにこのスキルこそがアレックスの人気を急上昇させているのだと確信した。

初めて西海岸に引っ越してきたとき、自分のゴールは見えていなかった、と彼は認めた。「やりたいことはいろいろありました。でも、実際の中身はわかっていませんでした。例えば、テレビ局の幹部になりたいと思っていましたが、どんなことをする仕事なのかは知りませんでした。脚本家にもなりたかったのですが、こちらもまた、何をするのかは知りませんでした」

明確な夢を追い求めようと勇気を振り絞る若者の、典型的な例とは違ったのだ。

突き抜けるために、今いる場所を知る

ロサンゼルスにやって来たアレックスは、雑誌『ナショナル・ランプーン』のウェブ編集者の職に就いた。それから、ランプーンがテレビ番組制作にも興味を示していることを知った。アレックスが売り込みをかけたのは、得意のディベート知識を生かした「マスター・ディベーター」という番組。コメディアンたちが審判席の前でおかしな話題を議論する、というものだった。そこそこの予算をもらってパイロット版を作った。だが、テレビ番組制作は非常に厳しく、『ナショナル・ランプーン』の試みは実らなかった。

しかし、アレックスの話で私が気に入っているのは、彼の次なる行動だ。

彼はランプーンを辞めて、全国ネットのテレビ局NBCの開発部門の役員のアシスタント職に就いた。ランプーンにいたのでは、成功の秘訣を教えてくれる業界の端っこにも届

かない。アシスタント職を受け入れることで、アレックスは行動に出たのだ。**まっただ中に飛び込んで、業界が実際どうなっているのかを理解しようとした**のだ。

成功する脚本家もいれば、失敗する脚本家もいる。

その理由をアレックスが発見するまでにそう時間はかからなかった。**成功者はすぐれた脚本を書いているから成功するのだ**。多くの人が想像するよりもそれはひどく難しい。この事実の発見に駆り立てられるように、アレックスは執筆に意識を集中させた。本当にたくさん書いた。

アシスタントとして過ごした8カ月間、彼は夜な夜な異なる3作品のプロジェクトに取り組んだ。1つはランプーンを去る前に着手していた「マスター・ディベーター」のためのアイデアで、ランプーンはそれをあるケーブルテレビ局にオプション契約していた。アシスタントとして仕事をこなしながら、アレックスはケーブルテレビ用の脚本を練り直していた（結局、多くのパイロット版同様、この話は実現しなかった）。

同時に、ランプーン時代に出会ったプロデューサーと一緒に、別の番組のパイロット版に取り組んでいた。さらに個人的には、ワシントンD.C.で育った自分の人生をシナリオに書いていた。

「執筆を終えるのが午前2時、3時のときもあります。それからNBCに定時出勤するために朝8時に家を出ます」

アレックスは多忙な時期をこう振り返った。

アレックスがアシスタントになって8カ月が過ぎた頃、「マダム・プレジデント」というテレビドラマのアシスタントの募集を耳にした。

アレックスはチャンスに飛びついた。

というのも、たとえ地位は低くても、プロのテレビ脚本の世界を間近で見られるからだ。

さらに、彼は自分の職務経歴書に、当時取り組んでいたドラマ用のスペック脚本を追加して、草稿へのフィードバックを求めた。

「マダム・プレジデント」のアシスタントとして働きながら、アレックスは現場の人たちに、エピソードのアイデアを売り込み始めた。

「職を得るには、より多くの実例が必要だと思ったのです」

アシスタントの特権の1つは、自分の売り込んだアイデアを素早く検討してもらえることだ。番組が打ち切りになる少し前に、アレックスの考えたエピソードが現場の注目を浴びた。パキスタンでの飛行機墜落事故でミサイルが紛失する話と、ゲイの誓約式の政治的影響の話だ。スタッフライターであるシンシア・コーエンの協力を得て、アレックスはそのエピソードの草案を作り上げ、ついに脚本家としてデビューを果たしたのだ。

初のテレビドラマの脚本を手がけたこのタイミングで、アレックスにとって急展開が訪れた。

「マダム・プレジデント」が打ち切りになった後、アレックスはまた別の下っ端の仕事にありついた。今度はプロデューサーのジョナサン・リスコと共に、ハリケーン・カトリーナ後のニューオリンズが舞台の「K-Ville」という、FOXテレビの新番組の準備をすることになったのだ。

ドラマの脚本家として名前が載り、また脚本の質もますます向上していくアレックスだったが、彼にとってこの仕事は、非公式のオーディションのようなものだった。プロデューサーのリスコに自分を印象づけるチャンスだったのだ。

アレックスはそれを成し遂げた。1つ空いていた「K-Ville」のスタッフライターのポストは、アレックスにやってきた。初めてのスタッフライターとしてのポストであった。番組が終了するまでに2つのエピソードを書き、放映されたのだ。

「K-Ville」が終わり、共通の友人を介してアレックスは、マイケル・アイズナーという大物と会合を持った。ディズニーを辞めたばかりのアイズナーは、独立プロデューサーとしての初のプロジェクトをテレビのコメディ・ドラマの制作にしようと動いていたのだ。

そもそもアレックスがネットワークのドラマでスタッフライターをしていたことから、この会合は実現したのだった。

そこで、アイズナーがかつてアレックスに依頼したある脚本のパイロット版の草稿が気に入り、「グレン・マーティンＤＤＳ」でアレックスと共同制作をすることになった。そこからは本章の始めに紹介してある通りだ。

ポイントカードのように、キャリア資本を貯めていく

アレックス・バーガーに訪れた数々のチャンスを理解するには、チャンスをもたらした彼の「キャリア資本」についての理解が必要だ。大きなチャンスを得るための必要条件を考えてみよう。

アレックスはすでにテレビドラマにスタッフとして脚本を書いた経験があったし、厳しい批評を受けて何度も検討を重ねて磨き上げた上質なコメディ・ドラマのスペック脚本も職務経歴書に載せてあった。これらはキャリア資本の重要なコレクションである。

もっと時間を戻して、アレックスがどのようにして「K-Ville」のスタッフライターのポストを得たかを問うと、ここでも資本の取引が見えてくる。

彼はすでに別のテレビ局のドラマ、「マダム・プレジデント」のエピソードを書き、放映されていたのだ。これもキャリア資本の重要なコレクションである。

さらに時計を戻して、アレックスが下っ端の脚本書きをしながら、いかにして「マダム・プレジデント」の仕事を得たかを見ると、書く技術に磨きをかけることに何年も費やして伸ばしてきた脚本のスキルに突き当たる。

当時、彼は執筆中の脚本を3、4本抱え、さらにうまくなろうとフィードバックを求め続けていた。大学を出たてのアレックス・バーガーが初めてロサンゼルスに着いたとき、「脚本のスキルというキャリア資本」は持っていなかった。

しかし、「マダム・プレジデント」の頃には、このキャリア資本を手に入れ、最初の大きな取引の準備ができていたのである。

大学でディベートのチャンピオンだったアレックスは、テレビ業界で価値のあるキャリア資本は何かを冷静に分析した。それから、そのキャリア資本をできるだけ早く獲得するために、学生時代にディベート準備で培った集中力を発揮した。

このストーリーは、派手さはないが再現性がある（同じことをすれば同様の結果が得られる）。

アレックス・バーガーがいかにしてハリウッドに進出したか、そこに秘策はない。彼は単にスキルを上達させることの価値と難しさを理解していただけである。

希少で価値のあるスキルは、大きなチャンスに姿を変える

マイク・ジャクソンはシリコンバレーの名高いサンドヒルロードにある、クリーンテックに投資するベンチャー・キャピタル、ウェストリー・グループの部長である。マイクの仕事は、どうやら羨望の的らしい。

「最近友人の1人が、一流ビジネススクールの学部長と食事をしたんだ。その席で学部長が言うには、その学校の学生は誰もがクリーンテックのベンチャー投資家になりたがっているらしい」

マイクはそれを直に経験している。彼のもとには、ビジネススクールの学生から彼のキャリア・パスへの問い合わせメールが何十通も来る。以前は返事を書いていたが、今は時間の制約があり、そのままにしている。

「皆、僕の仕事を欲しがっているんだ」

みんなが彼の職を欲しがるのは意外なことではない。クリーン・エネルギーは今大人気だ。世界を救うと同時に、「大きな富をもたらす」とマイクは認める。マイクはこれまで、世界中を旅行し、議員に会い、サクラメントやロサンゼルスの市長との会合を持ってきた。

マイクの面白いところは、アレックス・バーガー同様、明確な「やりたいこと」を追求

した結果、素晴らしい今の仕事にたどり着いたわけではないことだ。

代わりに、彼は用意周到にキャリア資本を築いていった。

「希少で価値のあるスキルは、やがて希少で価値のあるチャンスに姿を変える」と確信していたからだ。

だが、アレックスと異なるのは、マイクがキャリア資本の集積を始めたのは、その資本を使って何をするかを決める前だった。事実、マイクは初めて採用面接を受けた日の2週間前までは、クリーンテック・ベンチャーのことなど考えたこともなかったのである。

今がんばっておけば、さまざまな可能性につながる

マイクはスタンフォード大学で生物学と地球システム科学を専攻した。学士号を得た後、彼は修士課程に進むことにした。

マイクの修士号の指導教官は、インドにおける天然ガスセクターの調査を中心的研究プロジェクトとして始めるかどうか決めかねていた。そこで教官は、マイクの論文を使って、そのプロジェクトの実現の可能性を探ってみようと試みた。

2005年秋、マイクが修士号を取得した後、教官はその結果に納得して、研究プロジェクトに着手した。当然ながら、教官はマイクにプロジェクトの指導の補佐を依頼したが、

当時のマイクといえば、研究の詳細に達するまでに慌てて1年を費やした程度だったのだ。競争心が強いマイクは、熱心にプロジェクトに取り組んだ。

今がんばっておけば、さまざまな可能性につながると信じていた。

「この頃、インドに10回、中国に4、5回、ヨーロッパに数回渡りました。公益事業のトップに会って、グローバルなエネルギー市場の実情を学びました」

マイクは当時を振り返った。2007年秋、プロジェクトが終了すると、マイクは教官と共に主要な国際会議で、結果を発表した。そこには世界中の学者や政府関係者が参加していた。

プロジェクトが終了して、マイクは次のステップの決断を迫られた。プロジェクトで得た多くの価値あるスキルの中でも特別なものである、国際炭素市場の動向についての「深い理解」があった。この専門知識の一環としてマイクが学んだのは、アメリカには再生可能エネルギー排出権市場という、不明瞭な取引があることだ。

「理解できる人はほとんど誰もいませんでした。混乱した市場で、情報が錯綜していました」と彼は振り返る。この市場を理解する、きわめて少数の1人として、マイクはビジネスを始め、「ビレッジ・グリーン」と名づけた。

彼のアイデアは簡単だった。マイクにお金を払うと、彼、もしくはごく少数のエネルギー規制専門家にしかできない複雑な取引を代わりにやってくれる。それから彼が、あなたの会社はカーボン・ニュートラル（排出される二酸化炭素と吸収される二酸化炭素が同じ量）だと見なすに十分な「カーボンオフセットを購入しました」という証明書を発行してくれる、というわけだ。

マイクは、スタンフォード時代の友人や他の数人のパートナーと交代で、このビジネスの共同経営を2年間続けた。

サンフランシスコに家を借りてビレッジ・グリーンの本部とした。決して資金繰りに困らなかったのと同時に、大儲けもしなかった。２００９年、経済が停滞し始めると、マイクとパートナーは、ここで頑なに会社を守って不況を乗り切ろうとするより、いっそ廃業してしまおうと決めたのである。

「僕らは本当の仕事を手に入れようと決めました」

次なるフェイスブックを見つけるなんてムリ

マイクは次に起きたことをこう説明する。マイクにはコメディアンの友人がいて、彼のガールフレンドがベンチャー・キャピタルで面接を受けていた。

彼女は、自分はその仕事に就かないと決めたが、その会社にマイクを推薦したのだ。

「彼女は、僕の起業経験から、僕がベンチャー・キャピタルにぴったりだと思ったそうです」

マイクは、自分がテクノロジー重視のファンドには不向きだとわかっていた。

「次のフェイスブックを見つけるなど、僕にはムリなのです。でも太陽エネルギー関連の会社なら、おそらくお金になるだろう、と見定めることはできます」

彼はこれまで実際に採用面接を受けたことが一度もなかったので、これが良い経験になるだろうと踏んだ。

「面接はかなり控えめなものでした。というのも、僕も面接官も最初から、僕がこのポジションを得られるとは考えていなかったからです。ですが、僕たちはすっかり打ち解け、いろいろな話をしました」

会話の中のどこかで、面接官の投資家にアイデアが浮かんだ。

「始まったばかりのクリーンテック・ファンドに君は向いていると思う。そこで、クリーンテック・ファンドの私の友人を紹介しようと思うのだが、どうだろうか」

２００９年夏、マイクはウェストリー・グループで試用期間を開始し、10月にはアナリストとして専任職に就いた。それから間もなくして、アソシエイトに昇格した。２年後、マイクは部長になっていた。

「どうやってその職を手に入れたのですか、と聞かれたら、コメディアンと友達になることだね、と答えるようにしているんですよ」

今ではマイクはそうジョークを飛ばす。

キャリア資本があれば、仕事が次々とやってくる

マイク・ジャクソンは職人マインドにレバレッジをかけることで、すべてをうまくこなしてきた。

できるだけ多くのキャリア資本を使って1つ1つ経験を積んできた。

自分のキャリアに関する込み入った計画を立てたことは一度もなかった代わりに、1つの仕事の経験が終わるたびに、誰が自分の新しいキャリアに興味を持ってくれるのかをしっかり見抜こうとした。そしてもっとも将来性がありそうに思えるチャンスなら、何でも飛びついた。

マイクのストーリーには、運が重要な役割を果たしていると指摘する人もいるだろう。ベンチャー・キャピタリストと個人的なつながりがあったからこそ意気投合したのだ、と。しかし、こんな運はどこにでもある。マイクのストーリーで決定的なのは、門の前でつま

ずいても、彼のキャリア資本が助けとなって、次なる素晴らしい仕事を与えてくれる、ということだ。

マイクのそばでしばらく過ごすと、彼がいかに「仕事をうまくやること」に真剣かがすぐにわかる。

天職よりも能力に焦点を当てたことで、マイクは明らかに報われた。事実、彼は素晴らしい仕事を手に入れた。

だがその仕事は、見返りに素晴らしいキャリア資本の蓄積を必要とする仕事でもあったのだ。

第7章 あなたの毎日に「意図的な練習」を組み込む

チェスの名人に「突き抜け方」を学ぶ

どんな分野でも、キャリア資本をうまく習得するためには次の2つのことが不可欠だと私は確信している。それは**「緊張」**と**「フィードバック」**である。

どうやったら何かの達人になれるのかを知りたいなら、チェスから始めるのがいい。

チェスでは、ランキングを見ればその人の実力がわかる。さまざまなランキングが出ているが、現行の基準は、国際チェス連盟が使用しているイロレーティング（Elo rating）という算出法である。イロレーティングでは、プレーヤーはゼロから始めて、上達するにつれてランキングが上がっていく。計算方法は複雑だが、公式戦でのプレーヤーのパフォーマンスをかなり正確に反映するものだ。

そのときのランクで期待されるよりうまくやれた場合はアップし、悪ければダウンする。週末の試合に時々参加するような真面目な初心者は3桁のスコアを出す。ボビー・フィッシャーの最高レートは2785だ。1990年、ガルリ・カスパロフは2800に達した初のプレーヤーとなった（訳注：ちなみにチェスが趣味の、将棋棋士の羽生善治の最高イロレーティングは2455）。

チェスがパフォーマンスの研究に有効であるもう1つの理由は、チェスの難しさにある。1997年、王者カスパロフを迎え撃つために、IBMのスーパーコンピュータ「ディープ・ブルー」は1秒間に2億手を分析し、激しい競り合いになるオープニング（序盤）のために、過去の名人戦70万局以上からデータを集めた。このようなチェスの難しさを考慮すると、上達するために必要な戦略は、より明確でわかりやすい、と言える。

1920年代からすでに、科学者たちはチェスの研究を重ねてきた。当時、ドイツの心理学者が3人、チェス名人であるグランドマスターたちに驚異的な記憶力があるかどうかを確認しようと試みた。[*1] 面白いことに、そうではないことが判明した。グランドマスターたちは頭の中にチェスのポジションを記憶しておくことには非常に長けているにもかかわらず、一般的な記憶力はごく普通だった。

最近になって私たちの関心事に関連した研究が行われた。2005年、フロリダ州立大学の心理学者であるニール・チャーネス教授が率いる研究チームが、チェスプレーヤーの練習習慣を数十年にわたって調査した結果を公表した。[*2]

世界各国の400人を超えるプレーヤーを調査し、達人プレーヤーの実態を把握することになった。各プレーヤーには個人のチェス教育歴を詳細に記入する用紙が配布された。記入を求められたのは、何歳で始めたか、毎年どのような訓練を行ったか、トーナメントに何回出たか、コーチはいたか、いくら支払ったか、などであった。

それ以前の研究から、グランドマスターになるには、少なくとも10年かかることがわかっていた。心理学者のK・アンダース・エリクソンの指摘では、ボビー・フィッシャーのような天才でさえ、国際的評価を得るまでには10年を費やしていて、誰よりも先にこの積み重ねを始めただけだという。

これはまさに、**10年ルール、もしくは1万時間の法則と呼ばれる法則**である。

1970年代から科学界で議論されてきているが、最近では、マルコム・グラッドウェルの著書『天才! 成功する人々の法則』[*3]（講談社、2009年）で脚光を浴びた。その内容は次の通りである。

「複雑な仕事をうまくこなすためには最低限の練習量が必要だという考えは、専門家の調査に繰り返し現れる。それどころか専門家たちは、世界に通用する人間に共通する〝魔法《マジック》の数字《ナンバー》〟があるという意見で一致している。つまり**一万時間**である」

1万時間やっても、プロとアマが存在する理由は？

『天才！ 成功する人々の法則』で著者グラッドウェルは、この法則は、偉業の達成は生まれつきの才能ではなく、最適な場所とタイミングで、膨大な練習を積み重ねることによる、ということを示していると言う。

では、ビル・ゲイツはどうだったのか。彼はたまたまコンピュータを全米でいち早く導入した高校に通い、先生がいないときでもコンピュータにアクセスできた。おかげで彼は、このテクノロジーを何千時間も練習できた「同時代初の人間」のひとりになれたのだ。

モーツァルトはどうだろう。彼の父は練習に異常なほど熱心だった。神童としてヨーロッパ中を演奏旅行で回る頃には、モーツァルトは同年齢の音楽家の倍以上の時間を練習に充てていたのだ。

しかし、チャーネスの研究の興味深い点は、1万時間の法則を超えて、費やした時間だけではなく、やり方を調査したことだ。

さらに詳しく言うと、チームが研究したのは全員がおよそ同じ時間数、つまり1万時間をチェスに費やしてきたプレーヤーだった。その中にはグランドマスターになったものもいれば、中級レベルに留まったものもいた。両者共に、同じ時間を使ったのだから、チェス能力の差は時間の使い方による違いであろう。チャーネスはその違いを解き明かそうとした。

１９９０年代にもこの問題は取り上げられていた。

当時チェス界には最善の上達法を巡る議論が交わされていた。トーナメントでのプレイが不可欠だと考えるグループは、トーナメントは「制限（時間）つきの練習」ができ、注意散漫になるのを防いでくれる、というのが理由だった。一方、集中的研究に重きを置くグループは、戦略本に集中することと指導者の助けで弱点を見極めて克服するのが良いとした。

調査の前に、チャーネスの研究の参加者たちは、おそらくトーナメントでプレイするほうが正解だろうと考えていた。しかし蓋を開けてみると、それは間違いだった。

試合の集中的研究に費やした時間は、チェスの能力を予測する最重要な要因であるだけでなく、他の要因を凌駕していたのだ。グランドマスターになったプレーヤーたちは、中級レベルで停滞しているプレーヤーに比べて、５倍の時間を集中的研究に費やしていたのだ。平均すると、グランドマスターは１万時間中の約５０００時間を集中的研究に割り当てていた。対照的に、中級プレーヤーたちがここに割いた時間はおよそ１０００時間にすぎなかったのだ。

さらに詳しく調べると、集中的研究の重要性はより明白になる。チャーネスの結論はこうだ。集中的研究では、「解決するべき課題が、適度な難易度となるように、素材を選んで調整できる」

この点が、自分より明らかに上手な相手か明らかに下手な相手とあたる可能性の高い、トーナメントでのプレイと大きく異なっている。そのどちらの場合も、「スキルの上達は最小限になる」

さらに、集中的研究ではフィードバックがすぐに得られる。戦略本でチェス問題の答えを調べたり、専門コーチからすぐにフィードバックを受けたりするのだ。例えば、ノルウェー人のチェスの天才、マグヌス・カールセンは年に70万ドルをガルリ・カスパロフに支払って、直感的なプレイ・スタイルを洗練されたものにしようとした。

チェスが、4章で紹介したギター練習に関する考察と一致していることに注目してほしい。チェスのトップ・プレーヤーたちが採用している「集中的研究」は、ジョーダン・タイスの音楽へのアプローチに似ている。どちらも、能力の向上が必要な部分を高めるために、難しい作業を念入りに選んで絞り込み、即座にフィードバックを受ける。

一方、チェス・トーナメントでのプレイは、やっていて楽しいし、わくわくするのだが、だからといってうまくはならないのだ。

せっせと働くだけでは、すぐに壁にぶつかってしまう

１９９０年代初頭、フロリダ州立大学でニール・チャーネスの同僚であったアンダース・エリクソンは、このような集中的研究スタイルを「意図的な練習（deliberate practice）」と名づけ、正式の定義を「個人の能力における特定の側面を効果的に向上させることを唯一の目的とする、一般的には指導者によって計画された活動」[*4]（『超一流になるのは才能か努力か?』（文藝春秋、２０１６年）とした。

それ以来、数百もの追跡研究が行われ、「意図的な練習」は、チェス、医学、会計監査、コンピュータ・プログラミング、ブリッジ、物理、スポーツ、タイピング、ジャグリング、ダンス、そして音楽などの分野で、一流への鍵とされた[*5]。

プロスポーツ選手の才能の源を知りたいのなら、彼らの練習スケジュールを調べてみればよい。ほとんど例外なく、彼らは運動能力を系統的に伸ばすために、子どもの頃からコーチの指導を受けている。

また、マルコム・グラッドウェルに彼の文章力について尋ねてみるとしよう。きっと彼も「意図的な練習」を挙げるだろう。『天才! 成功する人々の法則』によると、グラッドウェルは『ワシントン・ポスト』紙の編集部で10年間書くスキルを磨き、『ニューヨーカー』誌に移ってから執筆した著書『ティッピング・ポイント』（飛鳥新社、２０００年）が大

ブレークした。

「専門家たちがすぐれたパフォーマンスを公開してみせるとき、彼らのふるまいには苦労の跡などまったくなく、あまりにも自然なので、私たちはそれを特別な才能のせいにしてしまう。しかし、科学者たちが専門家の並外れたパワーとやらを測定し始めたところ、いかなる並外れたパワーも発見できなかったのだ」とエリクソンは述べている。[*6]

つまり、プロバスケットボール選手の身長やアメフトのラインマンの胴回りなどの非常に稀な例外を除いて、科学者たちは、専門家の成功を説明できるだけの「生まれつきの能力」を発見できなかったのだ。そう、「意図的な練習」を一生かけて積み上げることが一流になる秘訣なのだ。

「意図的な練習」に関して重要なのは、鍛錬がどんなものかよくわからないことだ。チェス、音楽、そしてプロスポーツ選手など、競争システムやトレーニング法が確立された分野以外では、ほとんどの人は「意図的な練習」法といえるものに関わることさえないのだ。

エリクソンの解説によると、「たいていの人はプロとして活動を開始すると……行動が変化して一定期間で合格レベルに達する。しかし、このレベルを超えてさらに上達するかどうかは予測できず……仕事に費やした年数で獲得した能力を測ることは難しい」

言い換えると、**プロの仕事を始めてせっせとがんばるだけでは、すぐに「プラトー」と呼ばれる停滞期に陥ってしまい、そこから先には全然進まなくなってしまうのだ。**

これは、トーナメント戦でプレイしていたチェスプレーヤーにも、そして単に時間をかけて働くだけの多くの知識労働者たちにも共通して起きる。私たちはみな、停滞期という壁にぶつかるのだ。

エリクソンとチャーネスの研究に最初に出会ったとき、その深い洞察に驚いた。明確なスキルアップ方針を持たない仕事に携わると、たいていの人は行き詰まると言う。実はここには「わくわくするような可能性」がある。

あなたが知識労働者で、仕事には明確なスキルアップ方針がないと仮定しよう。あなたの生活に「意図的な練習」を組み入れる方法を考え出せれば、あなたが蓄積した価値で抜きん出る可能性があるのだ。計画的にスキルを上達させようと努力している人間は、あなた以外にはいそうもないからだ。

つまり、「意図的な練習」は、「誰もが思わず注目してしまう、突き抜けた人」になるカギになるのだ。

だから**職人マインドを上手に組み入れるには、ジョーダンがギターを練習したように、カスパロフがチェスの訓練を行ったように、意図的な練習にひたすら打ち込まなくてはな**

らない。これを、どのように達成するかをこれから示していこうと思う。

次節では、この洞察をしたのは私が初めてではないことを示すことから始める。

先に登場したアレックス・バーガーとマイク・ジャクソンのストーリーに戻って、2人にとって心から好きな仕事を追求する上で核となったのは、「意図的な練習」であったことを見てみよう。

周囲からのダメ出しを、積極的に求めていく

アレックス・バーガーはわずか2年でアシスタントから全国放送のテレビシリーズの共同制作者になった。アレックスに言わせると、「全国ネットレベル」の脚本が書けるようになるには、最低で数年から25年もの年月がかかることもある。アレックスの急成長の理由には、彼が学生時代にディベート・キャンプで培った進歩への執着がある。

「僕には、うまくなりたいという果てしない欲求があるのです。それはスポーツのようなもので、練習や研究が必要なのです」

定評のある脚本家となった今でも、アレックスは映画シナリオの本を読み、自分の技術を磨く場所はないものかと探しているのだという。

「常に研究は欠かせません！」

アレックスについてほかに気づいたことは、彼はこれをひとりでやっているわけではないということ。彼は言う。

「同僚や専門家からのフィードバックを常に求めなければなりません」

出世のプロセスで、アレックスはいつも他人に作品を披露せざるを得ないようなプロジェクトを選んできた。

例えば、NBCでアシスタントをしていた頃、彼はパイロット版脚本を2作書いていた。1つはケーブルテレビ用に、もう1つはナショナル・ランプーンで出会ったプロデューサーと共同で書いていた。どちらのケースも、彼の脚本を待っている人々がいた。読んで細かく分析されることを避けることはできなかった。

別の例をあげると、彼の書いた何本かのスペック脚本の1つが、結果的にはマイケル・アイズナーの目に留まって仕事を獲得できたのだが、同僚に批評を頼んで、細かいチェックをしてもらっていた。

「今振り返ると、あれを他人に見てもらったなんて、恥ずかしい限りです」

だが、うまくなろうとすれば、それは必要なことだったのだ。

「今書いているものを10年後に振り返ったときにも、同じことが言える立場だとよいのですが」と彼は言った。

アレックスは、そのときの自分の快適ゾーンを超えるようなプロジェクトに乗り出すことで、能力を伸ばしていった。しかも、一度に1本ではなく、同時に3本から4本の執筆をしている。その間、日中の仕事もきちんとこなしているのだ。おまけに彼は何についてもフィードバックをしきりに求める。たとえ今振り返って、当時書いた脚本の質が恥ずかしく思えるとしても、だ。

これは模範的な「意図的な練習」である。

そしてそれは功を奏した。おかげでアレックスは、悪名高い「勝者ひとり勝ち市場」でキャリア資本を身につけることができたのだ。

マイク・ジャクソンのストーリーにも同様に、「意図的な練習」へのこだわりが見える。ベンチャー・キャピタリストへと進むキャリア・パスのそれぞれの段階で、マイクは自分の能力を超えたプロジェクトに飛び込み、成功するまでがんばったのだ。

彼はまず野心的な修士論文の仕事を引き受け、それをもっと野心的な国際的な研究プロジェクトへと導いていった。マイクはこのプロジェクトからスタートアップという厳しい世界に参入した。そこは、外からの投資がなければ、家賃が払えるかどうかは、問題を迅速に解決する彼の能力次第という場だった。

さらに、キャリア・パス全体を通して、マイクはひとりで能力を伸ばしていったのではない。彼もまた、フィードバックを直接受けていたのだ。国際的な研究プロジェクトで彼が主導していた仕事には、容赦ない反応の典型ともいえる、専門家による査読が待ち受けていた。スタートアップのフィードバックは収入という形で返ってきた。会社経営がまずければ、彼への評価は倒産という形で表れるだろう。

「意図的な練習」を助ける、記録シートを作る

現在マイクはベンチャー・キャピタリストとして、フィードバックを指針に、継続的に自分の能力を向上させる努力をしている。

彼は新しいツールとして、スプレッドシートを手に入れた。それを使って、マイクは自分が毎日何にどれくらい時間を費やしているかを記録している。「週の初めに、それぞれの活動に割り当てる時間を決め、記録します。そうすることで設定目標にどれくらい近づけたかがわかるのです」

彼が私に送ってくれたスプレッドシートによると、活動は2つのカテゴリーに分類されていた。変更が難しいこと（例えば、避けられない毎週の約束）と、変更できること（例えば、自分で調整できる自主活動）である。

両カテゴリーに割り当てられた時間を見てみよう。

マイク・ジャクソンのスプレッドシート

変更が難しいこと

活動	週ごとに費やした時間
Eメール	7.5
昼食・休けい他	4
組織のための計画	1.5
会議	4
週次の資金調達会議	1

変更できること

活動	週ごとに費やした時間
資金調達マテリアルの向上	3
資金調達	12
デューデリジェンス	3
調達案件の検討	3
投資家との打ち合わせ	1
投資先企業の支援	2
人脈づくり	3

マイクがこのスプレッドシートを使うのは、毎日のスケジュールにもっと意識的になるためだ。

「朝出勤して、1日中メールに返事を書いているのが一番楽だ。でも、それは時間をもっとも戦略的に使う方法とはいえない」とマイクは言う。

マイクは「あまりメールをしない」と率直に認めている。

マイクとは、この本のためのインタビューでしばらく一緒に仕事をしたが、私が出したスケジュールを決めるためのメールに、マイクからの返事はたまにしか来なかった。マイクがパロ・アルトのオフィスに通勤中に電話をしたほうが早いと思ったものだ。

よく考えると、これはマイクにすれば当然だ。私のような作家からの、あるいはビジネススクールの学生からのアドバイスを求めるメールのような、たいして重要ではないメールに毎日何時間も目を通すのは、資金調達や有望な会社探しといった、彼が評価を受ける仕事に支障をきたしかねない。

メールを書かないことで誰か困る人がいるかといえば、答えはおそらくイエスである。だが、例えば私のように、通勤中のマイクに電話をするとしたらどうだろう。彼のスケジュールで物事が動けばよいのだ。

スプレッドシートを見ると、彼の仕事の成果には結びつかないが避けられない作業にかける時間を絞っている（18時間）。マイクの1週間は、大半が重要事案に集中している。資金調達、投資、投資先企業の支援、などである（27時間）。細かく記録していなければ、このような比率を出すのは困難だろう。

これが仕事上での「意図的な練習」の好例である。

「急ぎの用件よりも、重要案件により多くの時間を使います」とマイクは語る。毎週金曜日に、マイクは数字をプリントして目標に達したかを確認する。それから、そのフィードバックを活かして翌週のスケジュールを決めるのだ。

3年もしないうちに3度の昇進を果たしたマイク。この「意図的な練習」の効率の良さを証明している。

計画的なスキルアップのための5つのステップ

アレックス・バーガーとマイク・ジャクソンのストーリーは、知識労働における計画的なスキルアップの好例だ。それでも、この戦略をあなた自身の仕事に組み入れるのは難しい。この現実が動機となって、私は「意図的な練習」に関する研究文献や、アレックスやマイクのような職人のストーリーを引き合いに、上手にこの戦略を組み入れるためのステップを構築してきた。

ここで、このステップを詳しくみてみよう。魔法の公式はないが、計画的なスキルアップはきわめて技術を要するプロセスであり、ここを細かく説明して、あなたのスタートをスムーズにしたい。

ステップ1　自分の「戦う市場」を見極めよ

正確を期すために、新しい用語を決めたい。ある分野でキャリア資本を獲得するということは、キャリア資本「市場」に参入することだ。この市場には2つのタイプがある。**「勝者ひとり勝ち市場」**と**「オークション市場」**だ。

「勝者ひとり勝ち市場」では、通用するのは1種類のキャリア資本だけで、多くの人が競い合っている。テレビの脚本家は「勝者ひとり勝ち市場」である、というのは、通用するのは、良い脚本を書く能力だけだからだ。

一方、「オークション市場」はそこまで厳密ではない。さまざまなキャリア資本があり、各人が独自の資本を持っている。クリーン・テクノロジーの分野がそうだ。マイク・ジャクソンの資本は、再生可能エネルギーの専門家であることと、起業家であることだったが、この分野にはほかにも多数の関連スキルがある。

計画的なスキルアップの戦略を築くために第一にすべきことは、自分が競合しようとしているのは、いったいどのタイプのキャリア資本市場なのかを把握することだ。簡単に答えが出そうだが、ここで間違える人が驚くほど多い。

事実、アレックスのストーリーはそうやって始まった。ロサンゼルスに着いたとき、アレックスはエンターテインメント界が「オークション市場」だと思っていたのだ。『ナショナル・ランプーン』のウェブ編集者の仕事に就いて、彼は20代の作家として安定した地位を築き始めた。会社のために低予算の番組のパイロット版の制作もした。

多種多様な資本のコレクションを創り上げることが大切な「オークション市場」では、このような活動は意味がある。だが、エンターテインメント界は「オークション市場」ではない。「勝者ひとり勝ち市場」なのだ。

テレビの脚本家になりたいなら、重要なのは脚本の質以外にない。そうアレックスは確信した。間違いに気づくまで1年を要したが、いったん納得すると、アレックスはランプーンを去り、テレビ界の実力者のアシスタントになって、業界で価値のあるただ1つの資本をより良く把握しようとした。そこから、アレックスのキャリアは好転した。

「勝者ひとり勝ち市場」を「オークション市場」と勘違いすることはよくある。私自身が関わるブログの世界でもよく起こる。ブログ読者を増やそうと私にアドバイスを求める人は多くいるが、そのうちのひとりからのメールを紹介する。

「ブログを初めて1カ月、3000ビューになりました。でも、直帰率があり得ないくらい高くて、特にDiggとRedditからの投稿では90パーセント近いのです。直帰率を下げるにはどうしたらよいと思いますか」

この新人ブロガーは、ブログを「オークション市場」だと思っている。ブログには、フォーマットや投稿頻度からサーチエンジン最適化、ソーシャルネットワーク上で簡単に見つけてもらう方法（このブロガーはかなりの時間をかけて可能な限り多くのソーシャルネットワークサイトに投稿しているようだ）まで、さまざまな関連資本があると彼は思っている。

彼は世界を統計で見ていて、資本をうまく組み合わせれば、お金を稼げるブログができる、と期待している。しかし、問題は、アドバイス・スペースへの投稿は（彼は実際ここに書いている）「オークション市場」ではない、ことだ。そこは「勝者ひとり勝ち市場」なのである。重要なのは読者を引きつけられるかどうかだけなのだ。

アドバイス・スペースのトップブログのいくつかは、デザインがどうしようもないことで有名だったりするが、すべて基準となる目標値をクリアしている点で共通している。

つまり、どのトップブログも読者に元気を与えているのだ。ブログが存在する市場を正確に理解しているなら、直帰率を計算するのを止めて、みんなが関心のあることについて語りかけることに集中すべきだ。成功したければ、エネルギーはそこに注ぎ込むべきなのだ。

一方、マイク・ジャクソンは自分が「オークション市場」にいることを突き止めていた。自分のやりたいことを正確にわかってはいないマイクだったが、環境に関することだとは理解していた。そこで彼はこの広範囲なテーマについての資本なら、どんなものでも獲得しようとしたのである。

ステップ2　自分の資本タイプを特定せよ

自分の市場がわかれば、次は追求すべき資本を具体的に特定する必要がある。「勝者ひとり勝ち市場」ならば簡単だ。問題となる資本はただ1つだからだ。

しかし、「オークション市場」には柔軟性がある。ここで必要な資本を獲得するには、開かれた門、すなわち資本を得るためにすでに開かれている機会を求めることである。

マイクを例にあげよう。

大学卒業後、彼は次のステップとして母校スタンフォード大学の教授と共に環境政策の研究を行った。この決断のおかげでマイクは、重要なキャリア資本である国際エネルギー市場について理解できるようになったのだ。

しかし同時に注意が必要なのは、このチャンスはマイクのためにあったとも言えることだ。マイクはその分野を専攻するスタンフォード大学の学生だったのだ。このため、マイクにとって、この新しい挑戦は比較的楽だった。

しかしスタンフォード以外の人にとっては、そんな重要なプロジェクトを任される可能性ははるかに低いだろう。

道が開かれていることの利点は、キャリア資本の獲得に関していうと、ゼロから始めるよりはよほど早く達成できる点だ。

スキルの獲得は貨物列車にたとえられる。最初は大変な努力を要するけれども、いったん軌道に乗れば動きは楽になる。つまり、新しい分野で一から始めるのは大変なのだ。

例えば、もしマイクがスタンフォードを出た後、民間の環境ＮＰＯに就職していたら、何の援助もなくゼロから始めなければならなかったことだろう。代わりに彼は、スタンフォードで受けた教育を活用することで、スタンフォードの教授と仕事をするポジションを得た。そして価値のある資本を、かなり早く獲得できたのだった。

ステップ3　明確な目標設定をせよ

自分の資本タイプが正確に特定できたら、次は、「意図的な練習」という考え方を指針として利用する番だ。この考え方によると、まず明確な目標設定が必要だ。目的地もわからずに、効率的な行動はできない。『フォーチュン』誌の編集者で、『究極の鍛錬』[*7]（サンマーク出版、２０１０年）の著者のジョフ・コルヴァンは、同誌の記事に、「（意図的な練習には）明確な目標がいる[*8]」と書いている。

ジョーダン・タイスのようなミュージシャンに、「うまくなる」ことは今の自分にどういう意味を持つかと尋ねれば、答えにほとんど曖昧さはないだろう。常に新しい、複雑な技術をマスターしなければならないからだ。

アレックス・バーガーにとっても、「うまくなる」の意味ははっきりしている。書いた脚本が重要視してもらえるということだ。

具体的には、アシスタント時代に関わっていたプロジェクトの1つは、スペック脚本を発展させたものであり、それをエージェンシーに提出していたのだ。彼にとって、キャリア資本獲得のごく初期段階では、「うまくなる」は脚本がエージェンシーで認めてもらえることを意味していた。この目標を達成することは当然のことだった。

ステップ4　ダメ出しを受け、さらに伸ばす

ジョフ・コルヴァンに話を戻すと、前述した記事には「意図的な練習」についての注意事項が書かれている。

うまくやる方法がわかっていると、物事は楽しめる。「意図的な練習」で要求されるのはまさにその正反対だ。「意図的な練習」は何よりも**目標に対する集中**である。この鍛錬が「意図的」なのはまさにそこだ。たいていの人がするように、ぼんやりと音階練習をしたり、テニスボールを打ったりするのとは大きく違う。職場に来て、言われた通りにやるだけでは、「合格レベル」に留まってしまい、そこで行き詰まる。

本章の始めでアンダース・エリクソンはこう説明した。ありがたいことに、「意図的な練習」は、あなたを停滞期から脱出させ、競争のない領域へ入るのを後押ししてくれる。しかし残念なことに、これを達成できた人は非常に少ないことからもわかるが、ジョフ・コルヴァンが警告する通り、**「意図的な練習」はたいてい、「楽しい」の反対なのである。**「意図的な練習」がどんなものかを表すのに、私は「伸ばす」という言葉が気に入っている。私自身が経験した鍛錬に符合するからだ。「意図的な練習」の典型である、新しい数学の公式や計算式や解法を学ぶ際、頭の中で起きる不愉快な感覚は、「精神的緊張」と呼ぶのがぴったりだ。

神経細胞が新しい形状へと再編成されているような感覚なのだ。数学者なら誰でも認めるだろうが、これはすでに習得しているテクニックを応用するときの、あの楽しい感じとは全然違う。しかし、やはり数学者なら誰でも認めるだろうが、この**伸びこそが進歩の前提条件**だ。

あなたも自分の「うまくなる」を追求すれば、これが経験できる。不快感がないなら、おそらくあなたは「合格レベル」で行き詰まっていることになる。

しかし、快適ゾーンを脱出することは、「意図的な練習」ストーリーの前半に過ぎない。後半は正直なフィードバックを受けることだ。たとえ、自分が上手だと思っていたことが粉々に否定されても……。コルヴァンは『フォーチュン』誌の記事にこう書いている。「就職面接のリハーサルは完璧だった、とあなたは自分では思っているかもしれないが、あなたの思いなどどうでもよいのだ」

「よくできた」と思い込んで「To-Doリストから外すのは本当にわくわくする。しかし、実のところ、進歩し続けたいのなら、どこに焦点を合わせて再訓練が必要なのかを知る厳しいフィードバックが必要だ。

アレックス・バーガーは必死になって常にフィードバックを受けようとしていた。思い出してほしい。彼はテレビの脚本でキャリア資本を築こうと本気で取り組んでいた

1年目に、2つのパイロット版を制作していた。1つはケーブルテレビ用、もう1つはナショナル・ランプーンで出会ったプロデューサー用だ。どちらの場合も、彼の脚本のどこが良くてどこが悪いのかをはっきりと指摘してくれる専門家たちと一緒に働いていた。

その頃のフィードバックを求めていた作品の質を考えると、今は少し「恥ずかしい」気持ちだとアレックスは言うが、その厳しいフィードバックを続けたおかげで自分の能力が画期的に向上したことも、彼はわかっているのである。

ステップ5　できるまで、やり続ける

2007年のチャーリー・ローズによるインタビューで、スティーブ・マーティンはバンジョーをどのように習ったかを説明してくれた。

「もしずっとやっていれば、いつか40年弾き続けたことになるだろう。何かを40年もやっていれば誰でも上手になるものさ」

これこそ忍耐だ。クローハンマー・バンジョーの奏法を習うのは大変だ。だからマーティンは、40年先には報われる日がやってくる、とそこに楽しみを見いだしたのだ。きつい練習とそこそこの演奏が待ち受けていることがわかっているから。

回想録では、マーティンはエンターテインメント界で成功するには「勤勉」が大切だと語った際に、この考えを詳しく述べている。

注目したいのは、マーティンが勤勉という言葉を再定義したことである。勤勉とは、主目的の追求にひたすら目を向けるというよりは、思いつきであれこれ現れるやってみたいことを無視できる意志力を持ち続けること、とマーティンは言う。「意図的な練習」の最終ステップは、このタイプの勤勉をあなたの仕事に取り入れることである。

この論理は以下のように働く。

資本を獲得するには時間がかかる。

アレックスの初のテレビ脚本が作品化されるまでには2年の精力的な「意図的な練習」が必要だった。マイク・ジャクソンが自分のキャリア資本を換金して理想の仕事を手に入れるまでに、大学を出てから5年の歳月が流れていた。

だからマーティンの言う「勤勉」はとても大切なのだ。

次々に思いつく良さそうな仕事を自ら進んで退けるくらいの我慢がなければ、あなたの努力はわき道にそれてしまい、必要なキャリア資本は身につかない。マーティンが40年間、来る日も来る日もバンジョーを手にする姿を想像すると感動を覚える。実際、このようにしてキャリア資本は獲得されるのだ。

毎日、毎月、自分を伸ばしていって、やがて顔を上げたときに気づく、「うん、だいぶうまくなってきたな。まわりの人も注目してくれるようになった」と。

RULE 2 まとめ

ルール2では、「もし『やりたいことを仕事にしよう』が間違ったアドバイスなら、代わりにどうすればよいのか」という、そこから自然に生じる疑問に取り組んだ。

1・心から好きな仕事を築くには、まず土台として**「キャリア資本」**を多く獲得すること。

2・キャリア資本を獲得するには、自分が世界にどんな価値を与えることができるかを常に考えながら取り組む、**「職人マインド」**を取り入れることが重要。

3・職人マインドによる努力を効果的なものにするため、**「意図的な練習」**を行う。快適ゾーンを越えるまで自分の能力を懸命に伸ばし、それからそのパフォーマンスについての厳しいフィードバックを受けることだ。これにより、計画的なスキルアップができる。ミュージシャン、スポーツ選手、チェス・プレーヤーなら誰も皆、この「意図的な練習」を知っている。だが、それを知らない知識労働者には朗報だ。この戦略をあなたの仕事に組み込めば、キャリア資本の獲得という点で、あなたは同僚に先んじることができるのだ。

RULE 3
「自分でコントロールできること」をやる

第8章 その仕事が「やりたいこと」になった理由

田舎暮らしの魅力を都会に

ライアン・ヴォイランドは、2000年にアイビーリーグの大学を卒業する際に、同級生のように大銀行や経営コンサルティング会社に職を求めることはしなかった。

彼は、「農地を買う」という思いもかけない行動に出た。

マサチューセッツ州中央部、アマーストから南に少しだけ下った、人口6000人の小さな町グランビーにライアンは土地を購入した。グランビーの地質は、コネチカット川流域の肥沃な土壌の恩恵を受けるには遠すぎる位置にあるため、さしていいものではなかったが、ライアンは畑に数種類の果物と野菜を栽培した。初めて取り組むこの農場を彼はレッド・ファイア農場と名づけた。

２０１１年５月、この農場で１日を過ごそうと私はライアンを訪ねた。ライアンは当時、妻のサラとともに70エーカーの畑で有機野菜を栽培していた。レッド・ファイア農場の収入の大半は、会員が作付け前に代金を前払いし、収穫期に毎週州内の配布所で作物を受け取るという、「地域で支える農業」（ＣＳＡ：Community Supported Agriculture）と名付けられたプログラムから得られるものだった。２０１１年のこのプログラムの会員は１３００人にものぼり、需要に応えられないため、申し込みを断るほどの盛況ぶりだった。

つまり、レッド・ファイア農場は大成功だったわけだが、私がグランビーにやってきたのは、この成功のせいではなかった。

ライアンとサラのライフスタイルが、どうしてこんなにも人を引きつけるのかを知るために、彼らと１日過ごしてみようと計画したのだった。


レッド・ファイア農場に夢中になったのは私だけではなかった。

農場にはたくさんのファンがついていた。ライアンとサラが、夏のストロベリーの収穫を祝うパーティーや秋のパンプキン祭りなどの年中行事を企画すると、たちまちチケットは売り切れた。滞在中に、中年の女性が友人に話しているのを耳にした。「ライアンとサラが大好きなの」。この女性とライアン夫婦がこれまで実際に会ったことはないはずなのに、こんな言葉が発せられる。ライアンとサラの考え方や彼らのライフスタイルが、この女性をグランビーに呼び寄せたのだ。

この種の魅力はレッド・ファイア農場に限ったことではない。激しい出世競争をドロップアウトして、農園を始めたり、土と調和した生活をしたりするという夢は、オフィスであくせく働く「社畜」たちの長年の夢である。

コンピュータを目にすることもなく、太陽を浴びながら戸外で労働することは確かに魅力的だ。しかし、それはなぜだろう?

この疑問を解くために、レッド・ファイア農場を訪れたのだ。

私自身が郊外に引っ越すことはおそらくないが、ライアンやサラのようなライフスタイルの魅力がわかれば、都市に暮らす自分の生活にその特性を採り入れることができるのではないかと思った。

この魅力を解明すれば、人はどうやって自分の仕事を好きになるのかを理解できるのではないかと思い、ライアンとサラに手紙を書き、彼らの1日を取材させてほしいと頼んだのだ。彼らの承諾を得るとすぐ、私はワークブーツを引っ張り出し、ノートパソコンをつかんでボストンの真西に車を走らせた。

私のミッションは、レッド・ファイア農場の暗号を解読することだ。

経験を積むことで、仕事に対する情熱が高まる

到着して間もなく、私はライアンとサラと農場内にある2人の家で昼食をとった。彼らのキッチンは狭いけれど機能的で、料理の本と手がきのラベルのついたハーブの瓶がたくさん並んでいた。地元の雑穀パンに豆類とチェダーチーズをのせたオープンサンドの昼食をとりながら、ライアンにどうして専業農家になったのか聞いた。

彼の今の生活を魅力的にしているのは何かを知りたいなら、まず彼がどのようにして今の生活にたどり着いたのかを知らなければならない。

本書のルール1とルール2で、自分の仕事が好きになる方法を探求するため、私はこれまでにない主張を展開してきた。

ルール1では、「好きなことを仕事にしよう」は間違いだと主張した。理由は、大多数の人々には、発見されるのを待つ天職があるわけではないからだ。

続いてルール2では、魅力的なキャリアを築いている人は、まず希少で価値のあるスキル、つまり「キャリア資本」を構築すること――から始め、素晴らしい仕事を実現するために、この資本を活用すべきだと指摘した。

これらのルールに従えば、**自分にふさわしい仕事を探すことより、今の仕事にふさわし**

い働き方をすることのほうが重要となる。ライアンが私に話してくれた彼の体験は、この考えが現実に実行されたまたとないケースだった。

まず強調しておきたいのは、ライアンは「やりたいこと」を追い求めたわけではなかったということだ。そうではなく、自分の仕事を好きになった多くの人々同様、彼もたまま今の仕事に行き当たり、経験を積むことで仕事に対する情熱が高まってきたのだ。

ライアンはグランビーで育ったが、実家が農家というわけではなかった。「子どもの頃は、農業とはほとんど接点がありませんでした」と彼は言う。

中学時代、小遣いを稼ぎたいという、誰にでもある興味がライアンにもわいてきた。この起業家的気質に突き動かされて、彼は新聞配達や缶を集めて地元のリサイクルセンターに持ち込むなどのさまざまな計画を実行した。

ビジネスの突破口となったのは、野生のブルーベリーを摘み取って、段ボール箱に詰めて販売を始めたことだった。「道端にパラソルを立てて、はじめての販売スタンドを始めました」とライアンは言う。これは金を稼ぐにはいい方法だった。

ライアンは野生のブルーベリーの販売から、両親が家の裏庭で育てている野菜の余りを販売し始めた。もっと収入を上げようと、両親と話をつけて、裏庭の畑の世話をすべて任せてもらうことにした。「父は私の申し出に喜んでいました」とライアンは当時を振り返る。

この時点で、ライアンはキャリア資本の獲得に真剣に取り組もうと思っていた。「手に入れられる限りの、さまざまな栽培法についての情報を読みあさりました」とライアン。すぐに彼は収穫量を増やすために、裏庭一面にトラックいっぱいの堆肥を敷いた。高校生になると、地元の農家から10エーカーの畑を借り、夏の収穫期にはアルバイトを雇うほどになっていた。

さらに、マサチューセッツ州の農場サービス庁からお金を借りて、古いトラクターを購入し、スタンドから市場での販売、少数の卸売り業者への販売へとビジネスを拡大していった。高校卒業後は、コーネル大学の農学部に進み、スキルを磨いて、果樹野菜園芸の学位を取った。その間、週末は、借りていた畑の世話をするために実家に戻っていた。

ここがライアンの素晴らしい点だ。

彼はある日突然に農業を始めようと、意気込んで郊外に出かけたのではない。2001年に初めて土地を購入して専業農家への道を歩み始めるまでに、10年近くも労を惜しまずにキャリア資本の獲得に努めていたのだ。

これは、突然仕事を辞めて、次の日から雄鶏の鳴き声で目を覚ますといった「田舎暮らしの夢」ほど魅力的ではないが、前に述べた2つのルールを検討した際に私が感じたことにマッチしている。

いい仕事を得ようとするなら、いい仕事をすることが先なのだ。

「自分でコントロールできる」から楽しい

昼食を終える頃には、レッド・ファイア農場の歴史の全容がわかったが、この農場がなぜこんなにも魅力的なのかはまだはっきりとはしなかった。しかし、キッチンを出て農場を回り始めると、ある考えが頭をもたげてきた。

ライアンは自分の作物の説明をするときには、それまでの控えめな態度が一変する。いったん話が作物の栽培戦略やメリマックの砂質ローム土壌とパクストンシルトローム土壌の違いや、ニンジンの苗床の新しい除草方法などに及ぶと、彼の内気な側面は姿を消し、自分の仕事を知り、自分の知識を仕事に注ぎ込むという「職人マインド」の熱意が前面に出てくる。

サラにも、農場のCSA（地域で支える農業）プログラムや広報活動について話すとき、同じ熱意を感じた。サラが2007年にグランビーのライアンの農場にやってきたとき、すでに彼女は有機農法とCSAの両方の推進者だった。

ヴァッサー大学で環境政策を専攻したサラは、大学でCSAのプロジェクトに出会った。これに刺激を受けて、大学卒業後に近くのコネチカット州スタフォード・スプリングスで小規模なＣＳＡプログラムを立ち上げた。レッド・ファイア農場に参加することで、サラは自分の信念を、今までより大きなスケールで展開するチャンスを手に入れた。これは彼女が楽しめるチャレンジだった。

この「自分でコントロールできる自由」が、レッド・ファイア農場のライフスタイルの魅力だと私は気づいた。ライアンとサラは、彼らの（蓄積した幅広い）キャリア資本を、仕事とそのやり方を自由にコントロールする（自分で考え、動く）ことにつぎ込んだのだ。

彼らの仕事は楽なものではない。レッド・ファイア農場の訪問で私が知ったのは、農業は複雑でストレスの多い仕事だということだった。

しかし彼らは自分たちの生活を非常にうまく律していた。レッド・ファイア農場の魅力は、太陽の下で働くことではなく（農家にとって、天候は楽しむものではなく、闘いの相手だということを私は学んだ）、また、コンピュータの画面から離れることでもなかった（ライアンは冬の間中エクセルのスプレッドシートを使って作物の育苗計画を立て、サラは毎日かなりの時間をコンピュータ上で農場運営を計画することに費やしていた）。

レッド・ファイア農場が人々を引きつけていた魅力は、ライアンとサラが自分たちにとって意味のある生活を送るという自律の精神にあった。

次に述べるように、「自分でコントロールできる自由」は、ライアンとサラの魅力の理由であるばかりでなく、私たちがキャリア資本を獲得する際の重要な方策の1つである。「やりたいことの秘薬」と私が呼ぶ、好きな仕事の追求のための非常に強力で不可欠な特性なのだ。

自らコントロールできる仕事のもたらす力

ライアンとサラは自分たちの生活を自分たちのやりたいようにやり、これが、レッド・ファイア農場のライフスタイルを魅力的なものにしている。

これは農家に限ったことではない。

数十年に及ぶ科学的研究の結果、「自分でコントロールできる自由」(自分が自分の主人になること)すなわち「自由度」は、私たちが幸せで意味のある生活を追い求める際のもっとも重要な特性の1つであることがわかってきている。

例えば、ダニエル・ピンクの『モチベーション3・0』は、「自分でコントロールできる自由」が人々の生活を向上させる、驚くほど多くの例を挙げている[*1]。ピンクは同書で、「自分でコントロールできる自由」を強化すれば、成績が上がり、スポーツの技術が向上し、生産性が向上し、幸せが増すと主張している。

ピンクの著書に、コーネル大学の研究者が300社の中小企業を対象にした調査が出ている。この企業のうち半数の会社の社員には権限が与えられ、他の半数には与えられなかった。社員に権限が与えられた会社は、そうでない会社の4倍成長した。

私自身の研究中に発見した別の調査でも、問題のある校区の中学校の先生に権限を与えたところ、先生の昇進率が上昇したばかりか、研究者も驚いたことに、生徒の成績も上がったことがわかった。*2


職場で「自由度」の力を確かめたい場合は、「完全結果志向の職場環境（ROWE：Results-Only Work Environment）」という新しい概念を実行する企業を見てみるといい。

ROWEを実行している会社では、問題となるのは結果だけだ。

いつ出社して、いつ退社するか、休暇をどうとるか、いつメールをチェックするかなどは、まったく関係がない。すべては社員の自主性に任せ、重要な事柄を実行するために効果があることを社員自身が考える。「結果が出なければ、仕事を失うだけ」というのが、ROWE推進者が好んで使う言葉だ。

ネットでROWEの事例を読むと、「自由度」の力で社員が自主性を発揮するという例に多数出会う。*3例えば、ベスト・バイの本社でROWEを実施したチームのメンバーの離職率は9割減少した。「ROWEの職場環境はいいですね……。自分の運命をコントロールしている気分になれます」とベスト・バイの社員のひとりは言う。

ギャップの本社で実施されたROWEの試験プロジェクトでは、社員が職場を好ましいと考え、業績が上がった。「社員のこんな嬉しそうな顔を見たことがありません」とマネジャーのひとりは言っている。

カリフォルニア州レッドランズの、初めてROWEを実施したあるNPOでは、職員の80％がやる気が上がったと報告し、90％がROWEで生活が向上したと感じると答えている。これはほんの一部の例に過ぎないが、一般的な職場環境で共通する結果といえる。

調査結果をさらに読んでいくと、**仕事や仕事のやり方の自由度が上がれば上がるほど、幸福度が上がり、やる気が出て、充実感が増す**ということがわかる。

だから、「やりたいこと」を探すときに重要なのは、「自分でコントロールできる自由」なのである。

第9章
「自由に働く」にだまされるな

「ブログで稼ぐ」の失敗例

ジェインは「自由に働くこと」の重要性をわかっていた。

彼女は、共通テストで上位1％の好成績を挙げ、難関大学に通う才能あふれる学生だったが、大学を卒業して堅実で給料のいい仕事に就くというおきまりのコースをたどることには抵抗があった。もっとわくわくする人生を望んでいた。

アマチュア・アスリートとして、自転車全米横断チャリティーや、アイアンマン・トライアスロン大会に参加したこともあるジェインは、もっと冒険にあふれた人生を思い描いていた。彼女が私に送ってきたライフプランには、世界の海を巡り、「オーストラリア（一輪車で?)、南極(犬ぞりで?)」など五大陸を旅するという目標が書かれていた。ほかには、原野で「道具も器具も使わず」1カ月生き延びるとか、火食い術の奇術師になるとか、風変わりな目標もあった。

こんな冒険でいっぱいの生活の資金を得るため、ジェインは、「あまり手間のかからないウェブサイトを運営して、このリストに挙げた目標の達成に必要な資金を稼がなければならない」と漠然と考えた。

最低限の出費をまかなうのに必要な1カ月3000ドル(約34万円)ほどの収入を継続的に得ることが目標だった。最終的には、ジェインの計画は、自分の経験を生かして、「健康と、人間の可能性を追求し、有意義な人生を送るというビジョンを実現するためのNPOを立ち上げる」ということになった。

ジェインの例を一目見て、レッド・ファイア農場のライアンとサラを思い浮かべるかもしれない。

ジェインは自分の生活を自由にコントロールできるということが、単に多額の収入や名声を得たりすることに勝ると気づいていた。卒業証書を得た後に自分の農地を手に入れるという行動に出たライアンのように、この認識は、安全なキャリア・パスの追求からはずれて、もっと魅力のある人間になろうという勇気を彼女に与えた。

しかし、ライアンやサラと違って、ジェイインの計画はつまずいた。

会ってすぐにジェインは、彼女の自由になりたいという思いが大学中退という極端な決断に行き着いたことを告白した。「あるライフスタイルに没頭しているだけで、それをサポートしてくれる人々が見つかるわけではない」ことにジェインが気づくのに、さして時間はかからなかった。

「目下の問題は、経済的自立です」とジェインは言った。

「大学を辞めてから、フリーランスの仕事をしたりブログを立ち上げたり、いろいろな仕事をしましたが、具体的な結果が出る前に、続ける気力を失くしてしまいました」

彼女の実験の1つで、継続的な収入を得て彼女の夢の基盤となるはずだったブログは、9カ月でわずか3件の書き込みがあっただけだった。

ジェインは、厳しい現実に直面させられた。自分にお金を払ってもらうよう説得するのは、実に難しいことなのだ。「自分の夢を追い続けることが理想なのはわかっています。でも、食べていくためにはお金が必要です」とジェインは認めた。大学卒業の学位もないジェインには、この資金を作ることは困難だった。南極を犬ぞりで横断するという夢は、ジェインの履歴書では何の効果も発揮しなかったのだ。

自由に働くためには資本が必要

自由に働くことは魅力的だ。レッド・ファイア農場でわかったように、自分でコントロールできる生活とは、オフィスで働く「社畜」たちの理想である。ジェインが学生の快適な生活を捨てて、冒険を追い求めた理由がここにある。

しかし、これを実行しようとして、彼女は多くの人が陥る罠に、はまってしまった。

第1の罠
キャリア資本なき自由は続かない。

ルール2で、キャリア資本が好きな仕事をする際の基礎となるという考えを紹介した。まず希少で価値のあるスキルを磨いて、この資本を生み出さなければならない。次に、その資本を、素晴らしい仕事を実現するために活用すべきだと指摘した。

第8章では、「自分でコントロールできる自由」つまり自由度が、投資にもっとも適した条件の1つであると述べた。しかし、不幸なことにジェインは、この強力な条件を実行するには、「価値のあるものを自分が持っていなければならない」という前者の主張を見逃していた。つまり彼女は、差し出すべき資本がないまま、自由に働こうとして、「自由の影」のみを、つかまされたのだ。

それとは対照的に、レッド・ファイア農場のライアンは、農業に本格的に飛び込む前に、10年間もキャリア資本の積み上げに努力して、この罠を避けることができた。

この罠は、ルール2のリサ・フォイアーの例と似ている。フォイアーはマーケティングと広告のキャリアを捨てて、たった1カ月程度のトレーニングコースを受けただけで、ヨガ教室を開いた。ジェインと同様、フォイアーも支えとなる資本のないまま、自由な生活を追い求めた。そして、ジェインと同じく、フォイアーの目前に開けたのは困難な道だった。そして1年も経たないうちに、フォイアーは食料配給券を受け取る列に並んでいた。

「自由度」についての例を調べれば調べるほど、この同じ間違いをしているケースに出くわす。

ジェインの場合は、ライフスタイルデザインを目指す多くの人々の一例にすぎない。この運動に賛同する人々は、他人のルールに従って生きる必要はないと主張して、自分自身の生活をデザインし、わくわくと楽しい生活を送るように仲間を励ましている。

たしかに、この考え方の実例は、信奉者の多くが手柄話をブログに載せているので、簡単に目にすることができる。

大局的に見れば、この考え方に間違いはない。「ライフスタイルデザイン」という言葉を作った作家ティモシー・フェリスは、この考え方を体現している良い例（フェリスは彼の冒険心に富んだ生活をバックアップするに十分すぎるほどのキャリア資本を持っていた）だが、もっと無名のライフスタイルデザイナーたちのブログを読んでいくと、同じ危険に何度となく気づくはずだ。

この主張をする多くの人々が、ジェインのように彼らの斬新なライフスタイルを支えるためのしっかりとした手段を持つという部分を無視している。

大切なのは、自由な生活を追求する勇気を持つことで、その他のことは簡単に解決できると考えている。

もう1つここで紹介するのは、25歳で仕事を辞めたブロガーだ。

彼は、「朝9時から夕方5時まで働いて、本当に好きなことをする時間も十分なお金もない、いわゆる『普通の』生活にうんざりした。それで、普通の人間が『夢』を生きるためにゼロからビジネスを立ち上げる姿を、自ら世間に広めることにした」と説明した。

彼の言う「ビジネス」とは、ご多分にもれず、ライフスタイルデザインについてのブログだった。つまり、彼の唯一の売り物は、「普通の生活をしない」という彼の熱意だった。

ここに真の価値などないことは、エコノミストの言葉をまつまでもない。

私たちの言語で言うと、熱意に希少価値はなく、したがってキャリア資本の観点からも価値はない。このライフスタイルデザイナーは、価値のある条件に投資をしているが、それに見合う手段を持っていないのだ。

この人物のブログの行く末は当然ながら悲惨だった。

1週間に数回、ブログで斬新なライフスタイルのための資金集めについてアップして3カ月――彼は自分のサイトからは儲けることはできなかったが――、彼の文章にはなにかしらイライラしたトーンが見られるようになった。

あるメッセージで彼は、明らかに憤慨して次のように言った。

「閲覧者の皆さんの入れ替わりが多いですね。質の高い文章を載せて、素晴らしい閲覧者を得るという努力をしているのですが、あぁ、皆さんは行ったり来たり、定着しません。穴だらけのバケツに水を注いでいるような焦燥感です」

続いて彼は、安定した閲覧者を増やすための「10のステップ」を説明する。

例えば、「ステップ2　エネルギッシュであること」「ステップ4　閲覧者に感謝をする」など。しかし、このリストには一番重要なステップが欠けている。それは、「閲覧者が対価を支払いたいと思う内容を載せる」ことである。数週間後にこのブログの更新は終わった。ブログが閉鎖されるまでの4カ月間に、新しい投稿は1件もなかった。

この例は、自由度についての第1の罠を如実に示している。

資本なしに自らコントロールする生活を実行すれば、ジェインやリサや、哀れな欲求不満のライフスタイルデザイナーのようになってしまう。

自由な生活を謳歌できるが、明日のパンはないのだ。

第10章 できる社員がはまる落とし穴

与えられた役割でいい仕事をする

ソフトウェア開発者のルル・ヤングは仕事が好きだ。私は、2011年春の雨の日、彼女の住まいであるボストン近郊、ロズリンデールのきれいに改装されたメゾネット型の住宅で、仕事と自由度についての話を聞くためにルルに会った。

会ってすぐに、私がほとんど質問する必要もなく、彼女は自身の経歴について詳しく語り始めた。例えば、高校のAP（大学レベルクラス）の化学の試験は5点満点だったこと、初めて就いた仕事で、ウェルズリー・ヒルズのレストラン、ベトゥーチで年老いた経営者に出会ったことなどだ。インタビューが始まって間もなく私が書いたメモには、「自分のキャリアについて深く考えてきた人物」とある。

このメモを裏づけるように、ルルは私がインタビューをした人物の中でも、自信にあふれ、満ち足りた雰囲気を醸し出していた。自信のもとになっていたのは、自由度だ。キャリアを積み上げていくなかで、時には雇い主や友人があきれたり動揺したりするほど、仕事を自らコントロールできるように繰り返し闘ってきた。

「みんなは、私が他の人々と同じようなやり方で仕事をしないと言いましたが、私はそう言う人に、『私はみんなとは違うんです』と返すんです」とルルは言った。

ルルは、前章で説明した罠にはまらないように気をつけていたので、闘いに勝利した。ルルは、自分で仕事をコントロールしようとがんばる際には、まずそれをバックアップする「キャリア資本」を自分が手にしていることをいつも確かめていた。私が彼女の話をする大きな理由はここだ。ルルは、自由度を正しく高めた素晴らしい成功例なのだ。

ウェルズリー大学で数学の学位を取得し、卒業してからルルが最初に就いた仕事は、ソフトウェア開発の最下位の職種、よく言えばソフトウェアチェッカーという品質保証担当者だった。

「文字を太字にする機能が正しく働くか、チェックしたりするのですか?」とこの最初の仕事についてルルに質問した。

「そんな大きな責任は私には与えられなかったですよ！」と彼女は冗談っぽく答えた。

この最初の仕事はつまらなく、まともな仕事と言えるものでもなかった。ここが、ルルが第一の罠に陥る危険があったタイミングだ。退屈な仕事に行き詰まっているとき、反逆児の道を進むという誘惑にかられるのである。

ルルはそんな反逆児の道を進まずに、与えられた役割でもっといい仕事をするために必要なキャリア資本を手に入れようとした。

大企業のオファーを断り、休暇を手に入れる

ルルはまず、会社のソフトウェアを動かしているＵＮＩＸのＯＳに入り込んだ。

それから、テストを自動化しているスクリプトの作成方法を独学で習得して、ついには会社の時間と資金を節約する方法を発見したのだ。ルルのイノベーションは注目を集め、その後数年で品質管理のシニアマネジャーに昇進した。

この時点までにルルは、必要なキャリア資本の蓄積をしていたため、何を手に入れることができるか考えてみることにした。

彼女を苦しめていた事細かに管理する上司たちから自由を得るために、「週30時間労働」を要求して、タフツ大学の聴講生として哲学の学位を取ることにした。

「もう少し就業時間を短くするように頼むこともできましたが、給与を全額貰うには30時間が限度でした」とルルは説明する。ルルがこの要求を就職した最初の年にしたら、上司は笑い飛ばして、30時間どころではなく、「週ゼロ時間」労働、つまりクビを言い渡しただろう。しかし、彼女がシニアマネジャーとなり、会社のテスト自動化を引っ張っている現状では、上司はノーとは言えなかった。

ルルは学位を取得した後、この会社を辞めて、自分の品質保証の自動化のスキルを、大手企業に買収されたばかりのスタートアップで役立てることにした。

「広々としたオフィスで、コンピュータは3台ありました」とルルは振り返る。「毎週オフィスマネジャーがやって来て、キャンディーの注文を取っていきました。どのキャンディーがほしいか、それぞれ言うんです。そうすると、デスクに届けてくれる……楽しかったです」

数年後にこの会社の親会社がボストン地区のオフィスの閉鎖を決めたので、家を購入したばかりのルルは、何か別のことをする時期だと判断した。

ルルが再び求職を始めると、いくつかのオファーが来て、その中に、大手企業の品質保証グループのマネジャー職があった。ルルにとっては、高い給与と地位と名声がそこにあり、有能なシニアバイスプレジデントになるという、キャリアの階段を昇る大きなチャンスとなるはずだった。

だがしかし、ルルはこのオファーを断った。

代わりに選んだのは大学時代の友人のボーイフレンドが創業した、従業員7人のスタートアップだった。この会社はルルのような高いスキルを持った人材に飛びついた。

「この会社が何をやっているのか、私ははっきりとはわかりませんでしたし、会社自体も自分たちが何をやろうとしているのか、よくわかっていたとは思いません」とルルは言う。

しかし、このことがルルには魅力となった。

まったく新しい何かへの挑戦。細かい計画もいまだなし。これは面白そうだ。何をやるか、どうやるかについて「大きな発言力」が持てるのだ。

2001年にこの会社が買収されるまで、ルルはソフトウェア開発の責任者だった。新しいオーナーがドレスコードや全社員9時から5時まで働くといった規則を定めたことにいら立ち始めたルルは、このキャリア資本をバックに3カ月の休暇を要求した（そして獲得！）。「休暇中は私への連絡はできません」と新しい上司たちに通告した。

この休暇には、彼女がいなくても仕事ができるように部下をトレーニングするという口実もあった。休暇が終わると間もなく、さらに自由を求めて、フリーランスのソフトウェア開発者となった。

すでにこのときには、彼女のスキルには大きな価値があったので、クライアントはすぐに見つかった。加えて、契約者として働くことで、仕事のやり方に大きなフレキシビリティが生まれた。仕事から離れたくなると、3、4週間旅行に出かけた。「金曜日に天気が良ければ、1日休暇を取って飛行機を操縦したわ」（ルルはこの頃、パイロットの免許を取得していた）。仕事をいつして、いつ終えるか、自分で決めることができた。

「あの頃はよく姪や甥を連れ出して楽しみました。子ども博物館や動物園にはこの町の誰よりも多く行っていると思います」とルルは振り返る。

「私はフリーエージェント（契約労働者）でしたから、会社は私のこんな行動を止めることはできなかったのです」

ルルとのインタビューは平日のお昼過ぎだったが、この時間帯には何の問題もなかったようだ。「スカイプがオフになっているのを確かめさせてください。誰にも邪魔されたくないですから」とルルは私が到着してすぐに言った。

自分の判断で平日午後の時間帯をインタビューのために空けるというのは、株を持ち、ポルシェを運転し、胃潰瘍に悩むVP（副社長）になるという従来のキャリア・パスを追い求めていたら、決してやらないことだ。しかし、そんな胃潰瘍に悩む副社長たちは、たぶんルルほどには、生活を楽しんでいない。

自由な働き方を選ぶと、周囲からの抵抗にあう

前にも言ったように、ルルのストーリーは、「自由に働くこと」がうまく実行された例だ。レッド・ファイア農場のライアンとサラのように、ルルは自分の仕事とそのやり方をコントロールできたので、キャリアが魅力的なものとなった。ライアンとサラと同じくルルも、「自由な働き方を選択するのに必要なキャリア資本があること」をいつも確かめることで、前章のジェインのような人物が失敗している試みに成功していた。

しかし、ルルの例にも隠された危険が潜んでいる。

ルルのキャリアは彼女自身の意志で形作ったものだが、この自由を得る過程では、軋轢《あつれき》が生まれていた。キャリア資本を使って仕事を自分のコントロール下に置こうとするたびに、抵抗にあった。

最初の仕事で週30時間労働を獲得しようとしたときは、雇用主はノーと言えなかったが(ルルは会社の経費節減に大きな成果を上げていた)、決して歓迎はしなかった。ルルも、その要求を押し通すには勇気がいった。

同じように、大きな役職に就くチャンスを断って、7人しか社員のいないスタートアップの、ポジションのはっきりしない職を選んだときも、周りの人々には理解されなかった。

「ちょうど家を買ったばかりでしたね。大きな役職を断って、誰も知らない小さな会社で働くと決めるのは、大変なことですよね」と私は彼女にたずねた。

「みんなが私を変わり者だと思ったみたい」とルルは私に同意した。

このスタートアップが買収され、退社する際もスムーズにはいかなかった。ルルは詳しくは語りたがらなかったが、この企業でのルルの存在は非常に大きかったので、新しい経営陣は彼女を引き留めるためのあらゆる策をとった。

そして、ついにフリーランスになったときも、簡単ではなかった。最初のクライアントはルルを正社員として雇ってプロジェクトを進めたがったが、彼女はこれを拒否した。

「彼らは私にフリーになってほしくなかったんですが、このような仕事をする人物をほかに見つけることができなかったので、私の申し出を受け入れざるを得なかったんです」とルルは振り返った。

研修医が2年間の休暇をとって起業

キャリア構築に「自由な働き方」をうまく活用している人物に会えば会うほど、雇用主や友人や家族からの抵抗を受けたという話を数多く聞く。

別の例として、もっとも競争の激しい総合形成外科研修プログラムに参加していた研修医ルイスの話をしたいと思う。

研修医として3年間働いてきて、ルイスは病院の官僚体質に不満を抱き始めていた。インタビューで、彼は今の医療制度で働く医師のいら立ちを、私にぶつけてきた。

「胸を刺されて重傷の患者がＥＲ（救急救命室）に運ばれてきました。私はストレッチャーに上って、手術室まで患者の心臓マッサージをしていました。手術室に入ったときには、この患者は胸に穴が開いていたので、輸血が必要なことは明らかでした。

『血液はどこだ』と私がたずねると、『先生には渡せません』と技師が言うのです。

『先生は、この部屋に入るときに認証をしていません』

いいですか、私はドアを通るときに患者の心臓を両手でマッサージしていたのです。

『冗談だろ』と私は思いました」

この患者は手術室で死亡した。患者は輸血されていても死亡したかもしれないが、問題は、この頃ルイスは、この種の「自由な働き方」と正反対の理不尽な経験に徐々に蝕まれてきていたということだ。

自立心の強いルイスは、思いもかけない行動に出た。研修医のプログラムから2年間の休暇を取ったのだ。オンラインの医学教育ツールを制作する会社を始めるためだった。

会社を始めようと思った理由を聞かれたルイスは、面白い構想を聞かせてくれた。「医療分野の多くの人が悩んでいるのは、アイデアはたくさんあるが、それを具体的に形にする方法がわからない、ということです」

彼の構想は、医師になると同時に、日々の監督は要らないこの会社の共同創業者になることだった。彼が関心を持っている医学教育についてのアイデアが浮かべば、この会社のチームにそのアイデアを伝えて、実際に使えるものにしてもらうのだ。

「医学部準備教育課程の学生が、新しいコンセプトを学ぶためのゲームのアイデアが思い浮かんだとします」と、ルイスは例を話しはじめた。

「私は会社のチームに対して、『これを具体的なゲームにしてくれ』と言うのです」

「実際に役に立つものを創り出すこと」によって、ルイスは大きな満足感を得ることができる。今の会社は、彼にこのチャンスを与えてくれる。

ルイスは十分な医学的経験を持っていたので、この会社を始める資金を集めることができた。彼は、彼の雇用主にとって価値のある医師だったので、雇用主は彼を辞めさせたくなかったのだ。ルイスは、総合形成外科研修プログラムの10年の歴史上はじめての、研修途中で長期休暇を申し出た研修医だった。

「皆、僕に聞くんです。どうしてこんなことをするんだと」と、ルイスは当時を振り返った。

これは簡単な試みではなかった。私がルイスにインタビューしたときは、彼の2年間の休暇はほぼ終わりかけていた。この頃、彼の会社は人気の主力商品（医学生がさまざまな試験の準備をするためのツール）を持っていた。そして、ルイスが残りの研修期間を修了するために戻った後もビジネスを続けていくことができる、フルタイムの社員を雇う資金力のある組織にまで発展していた。ルイスは「何か違ったことをやろうという決心をしたこと」に満足している。実行は簡単ではなかったとしても。

これが、自由度にまつわる皮肉だ。あなたがどんな仕事をしようと誰も気に留めないなら、面白いことをするために必要なキャリア資本を、あなたはたぶん持っていないことになる。しかし、いったんこの資本を手に入れると、ルルやルイスが気づいたように、雇用主の抵抗にあうくらい、あなたの価値は高まる。

できる人ほど、会社から妨害される

第2の罠
仕事をコントロールできるだけのキャリア資本を手に入れると、あなたの価値が雇用主にとって無視できないものになり、あなたが変わろうとするのを妨害しようとするようになる。

よく考えてみれば、この第2の罠はうなずける。

仕事を自由にコントロールできることは、自分にとってはいいことだが、雇用主にとっては何の直接的利益もない。週30時間の短い労働時間は、職場で息苦しさが増していたルルにとってはいいことだが、ルルの雇用主にとっては、生産性の低下を意味する。

つまり、たいていの場合、仕事を自分でコントロールしようとすると、雇用主の抵抗にあうことを予想しなければならない。雇用主は、あなた自身が仕事をコントロールするより、あなたのキャリア資本を会社でのキャリアに再投資して、高い給与を受け取り、評判を勝ち取っていくように、あなたを説得しようとあらゆる手段を使ってくる。これは、激しい抵抗の形をとることもある。

「正しいタイミング」でノーと言う

会社からの妨害について言えば、勇気は、好きな仕事をすることに無関係ではない。ルルとルイスも、第2の罠で生じた抵抗を無視するには、多少とも勇気が必要だった。問題は、キャリアを決める際に勇気を出す「正しいタイミング」を知ることだ。

タイミングが正しければ、素晴らしい仕事、そして人生があなたを待っている。しかし、タイミングを間違って、機が熟さないのに自由を求める世界に踏み込んでしまうと、悲惨な結果になる。

前にも述べたように、「自由な働き方」というのは、私が「やりたいことの秘薬」と呼ぶくらいに、仕事のやり方を変更する際の強力で大切なツールである。一方、このアイデアを軽々しく使うと、周りの人の抵抗が始まる。

では正しいタイミングはいつだろうか。

十分なキャリア資本がないままに、自由な働き方を選択しようとすれば、第1の罠にはまる。この場合は、抵抗を受け入れ、自分の考えを棚上げする。キャリア資本が十分にあって、周りの抵抗が、あなたが価値のある働き手であるために生じる場合は、第2の罠にはまる。このときはその抵抗を無視して、自分の考えを押し通すべきである。

両者は一見同じように思えるが、正しい対応はそれぞれの場合で異なる。

好きな仕事を見つけるという難問を解く際のもっともやっかいな障害である、「自由な働き方」の成功と失敗の例をここまで見てきたが、「勇気を後押しする」という陽気なスローガンは、この巧妙に仕組まれた問題を切り抜けるには明らかに力不足だ。今まさにどの罠に直面しているのかを正確に知ることができる、もっときめ細かい解決法が必要だ。

私は、ある革新的起業家の習慣の中に、この解決策を見つけた。

第11章
人が喜んでお金を払うことをしなさい

「最初の踊り手」になるというリスク

創造性とリーダーシップに関するＴＥＤトークの冒頭で、デレク・シヴァーズは野外コンサートの群集の動画を流している。上半身裸の若者がひとりで踊り始める。近くに座っている聴衆がもの珍しそうに彼を見る。

「リーダーには、ひとりで立ち上がり、ほかの人に笑われる勇気が必要です」とデレクは言う。

しかし、次なる若者が最初の若者に加わり、踊り始める。

「ここに、重要な役割を果たす第1のフォロワーが現れます。この第1のフォロワーは、孤独な変わり者をリーダーに変えます」

動画では続いて、さらに数人の踊り手が加わる。そしてまた数人が加わる。2分ほどすると、踊り手は大人数になっている。

「みなさん、こうしてムーブメントは起きるのです[*1]」

TEDの聴衆から、総立ちの大喝采を受け、デレクはお辞儀をして、ステージでちょっとしたダンスをする。

デレク・シヴァーズを体制順応者呼ばわりする人間はいない。

彼は、そのキャリアの中で、たびたび「最初の踊り手」の役割を果たしてきた。彼は、何をどうやるかを思い切り自由に発想して、危険をはらんだ動きを始める。そして、ひとりで踊る「孤独な変わり者」に見えるというリスクを冒す。

しかし、デレクのキャリアでは、常に第2の踊り手が現れ、彼の決断の正当性を証明し、さらに多数の賛同者が現れて、彼の活動は成功した。

デレクの最初のリスクを冒す動きは、彼がプロのミュージシャンになるため、ワーナー・ブラザースの恵まれた仕事を辞めた1992年に始まった。

ギタリストとしてデレクは、日本人の音楽家でプロデューサーでもある坂本龍一とツアーをし、ミュージシャンとして成功した。

次の大きなステップは1997年で、彼は独立系アーティストのオンラインCD販売を支援する会社、CDベイビーを立ち上げた。iTunesが始まる前の時代で、この会社は独立系ミュージシャンの切実なニーズに応えて成長した。2008年にデレクはこの会社をディスク・メーカーズに2200万ドル（約25億円）で売却した。

この時点で、デレクはサンフランシスコ郊外の大きな家に引っ越し、エンジェル投資家になるべきだと普通は思うだろう。しかし、彼は、法律で認められた最少額の利益を生活のために残したほかは、会社売却から得た利益のすべてを音楽教育支援の慈善信託に寄託した。

それから彼は身の回りの物を処分して、住むのに面白い場所を探して世界を旅した。私がデレクと話をしたとき、彼はシンガポールにいた。

「この国には引力みたいなものがほとんどない。人を引き留めようとはしないんだ。どこへでも冒険に出かけられる基地なんだ」と彼は言う。

なぜ海外に住むのかと聞いたら、「何か怖いことがあれば、それをやってみようというのが僕の人生のルールなんだ。アメリカではいろんなところに住んだ。とても怖いことといったら、海外に住むことだった」と答えた。

読書をし、中国語を学び、世界を旅したデレクは最近、視線を新しい会社、モックワークに向けている。この会社は、ミュージシャンが退屈な雑用を外注して、関心のあるクリエイティブな仕事に集中できるようなサービスを提供している。このアイデアが楽しそうだと、彼は会社を立ち上げた。

ここがデレクの面白いところだ。

彼は自らコントロールすることが好きだ。彼は、仕事やそのやり方を自分でコントロールするために、抵抗にあいながらも、大きなチャレンジをしてキャリアを築いてきた。

そして、「自由な働き方」を素晴らしい形で実践していた。だから私はシンガポールの彼に電話をしたのだ。私は、彼がこの偉業をどのように達成したのか知りたかった。もっと詳しく言うと、どのプロジェクトを追求し、どれを止めるかを決める際にどのような基準を用いたのかを私は彼にたずねたのだ。

前の2つの章で説明した「自由度」の罠をどのようにして逃れたのか、その道筋を知りたかった。

幸運にも、デレクは私の質問に、シンプルで驚くほど効果的な答えをしてくれた。

答えは「人が喜んでお金を払うことをする」

私が何を知りたいかを説明したところ、デレクはすぐにそれを理解した。

「つまり、20年も弁護士として成功を収めてきた人物が突然、『私はマッサージが大好きだから、マッサージ師になるつもりだ』と言い出すようなことが起こらないメンタルアルゴリズムですね」と彼は私にたずねた。

「それです」と私は答えた。

デレクは少し考えて、「私には、生活に関するほかのルールに優先する、お金についての考え方があります。**『人が喜んでお金を払うことをする』**ということです」と言った。

デレクは、これは金儲けのために金銭を求めることとは違うと言う。彼は自分の会社を売って得た利益を寄付し、自分の財産も処分した。

「金は価値の中立的指標です。収入を上げることを目指すのは、自分の価値を高めるのと同じです」

彼は、趣味はこのルールからは外れると強調している。「例えば、面白いからスキューバダイビングをやりたい場合は、他の人が私にお金を払わなくても全然構わないでしょう。やるだけです」

しかし、キャリアの重要な決定ということになれば、お金が重要な基準になり得る。

「自分の考えていることに対してなかなかお金が集まらなかったり、自分のやりたいことを関係のない仕事で支えていこうと考えている場合は、そのアイデアを考え直す必要があるのです」とデレクは言う。

出会ったときのデレクの仕事は、なにがしかクリエイティブなことに関連していて、お金を稼ぐだけのような退屈でつまらない問題からは解放されているように見えたかもしれない。しかし、個人的ミッションの観点から彼のキャリアを説明すると、はっきり見えてくることがある。

例えば、彼の最初の転機は、1992年にプロのミュージシャンになったことだ。デレクが私に説明したように、それまで音楽は夜と週末に演奏していた。「昼間の仕事は、音楽でかなり稼げるようになるまで続けていました」とデレクは言った。

彼の2番目の大きな転機は、CDベイビーを立ち上げたことだ。ここでも彼は、利益の上がるクライアントベースを創り上げるまでは、この仕事をフルタイムではしなかった。「どうやって資金をつくったのかとよく聞かれます」とデレクは話す。「私の答えは、まずCDを1枚売ります。するとこの1枚が2枚目を売る資金となったのです」。すべてはそこから始まっていた。

考えてみると、デレクは自分の生活を自らコントロールしようと非常に努力してきたが、人が喜んでお金を払うことだけをするという個人的ミッションによって、彼の試みのリスクは大いに縮小したのだ。この考え方は大変強力である。私はこれを、**「対価の法則」**と名づけることにする。

「対価の法則」にしたがう

対価の法則
仕事のやり方を自分でコントロールするという魅力的な生き方を求めることに決めたら、あなたの仕事に人が対価を払ってくれるかどうかを成功の証しにする。これが証明されれば、あなたの試みを続ける。対価が支払われなければ、この試みはあきらめる。

この法則について考え始めると、自分のキャリアのコントロールに成功している人々にこの法則がほとんど例外なく当てはまるのに気づいた。「喜んで対価を払う」状況はさまざまあることを理解するとわかりやすい。

文字通り、あなたの提供する製品やサービスに対して顧客が対価を支払う場合もあれば、ローンの認可を受けたり、よそからの投資を受けたり、雇用主があなたを採用したり、給与を払い続けるといった場合もある。

「対価の支払い」を広義に解釈すれば、この法則はいたるところで目にすることができる。

レッド・ファイア農場のライアン・ヴォイランドの場合を考えてみよう。都会の喧騒にうんざりした高学歴の都市の住人が農地を購入し、自分の身体を使って生計を立てようとする。こんな人間は多いが、ほとんどは失敗する。

ライアンが成功したのは、彼が自分の試みを始める前から、人々が彼の農作物に対価を支払うことを確信していたからだ。具体的に言うと、彼は裕福な銀行員ではなかったから、初めて土地を買うにはマサチューセッツ州の農場サービス庁から資金を借り入れなければならなかった。そして、マサチューセッツ州の農場サービス庁の認可は簡単には下りない。農場が必ず利益が上がると彼らを確信させる詳しいビジネスプランを提出しなければならない。ライアンには10年の歴史（キャリア）があったので、これをクリアできた。

ルルの場合も、対価の法則の成功者だ。「喜んで金を払う」というのは、ルルの給与のことだ。ルルは、自分の自由な働き方を、誰かがそんなやり方をする彼女を雇うか、または、給与を払い続けるか、という観点でその妥当性を判断した。例えば、ルルの最初の大きな試みは、勤務時間を週30時間に短縮することだった。この申し出を彼女の雇い主が受け入れたので、彼女は自分が十分なキャリア資本を持っていると知ることができた。

その後に就いた仕事で、ルルが3カ月の休暇を許可してもらうか、スケジュールを固定せずにフリーランスで働くかを交渉したときも、雇い主がこの要求を受け入れたため、経済的な裏づけを得た上でのさらなる自由を手にすることができた。

裏返せば、キャリアのコントロールがうまくいかなかった例では、この対価の法則が無視されている。

第9章のジェインを思い出してみると、なにかオンラインビジネスをやれば彼女の冒険を求めるライフスタイルの支えになるだろうという漠然とした考えで、彼女は大学を中退した。もし彼女がデレク・シヴァーズに会っていたら、オンラインで金を稼げるようになることがはっきりわかるまで、この行動をとらなかっただろう。

この場合、対価の法則をちょっと考えれば、ウェブサイトから収入を得るのは現実味がないとわかるはずだから、早々に大学を中退してしまうことはなかっただろう。

これは、ジェインが退屈な仕事に甘んじなければならないということではない。反対に、この法則を試していれば、冒険生活を送るというビジョン実現のための現実的な方法を突き止めるまで、さまざまな試行錯誤を続けられただろう。

RULE 3 まとめ

ルール3では、キャリア資本をいったん獲得したらそれをどのように使うか、という質問への1つの答えを考えてみた。つまり、仕事や仕事のやり方を自分でコントロールする、つまり自由度が非常に大切だということだ。

しかし、キャリア資本をもとに自由を得ようとすることには、以下の2つの罠がある。

第1の罠　**もとになる十分なキャリア資本がないままに自由を得ようとする危険性。**

第2の罠　**自由を得ようとするあなたの企てを支えるキャリア資本がある場合でも、そのキャリア資本はあなたの価値を上げるが、雇用主にとっては生産性が下がるため、あなたの雇用主があなたをこれまで通り管理下に置きたいと抵抗することがある。**

抵抗があなたにとって有益なもの（第1の罠に陥らないようにするのに役立つ）か、無視すべきもの（第2の罠の結果）かを見分けるには対価の法則を使う。

対価の法則　**「人が喜んでお金を払うことをする」**

あなたの仕事に人が対価を払ってくれるかどうかを成功の証しにする。これが証明されれば、あなたの試みを続ける。対価が支払われなければ、この試みはあきらめる。

RULE 4

小さく考え、大きく動け

第12章 仕事のエネルギーになるもの

好きな仕事をするために、ぶっ飛んだ戦略をとる

ハーバード大学の最新の北西サイエンス棟は、マサチューセッツ州ケンブリッジのオックスフォード・ストリート52番にある。

観光客でいっぱいの有名なセントラルヤードから歩いて10分。この建物は、ハーバードの伝説的研究機関の新しい心臓部となるレンガとガラス造りの大きな建物群の中にあり、内部はさながらハリウッド風のサイエンスラボのようだ。各階のフロアを2つに区切る廊下は鏡面仕上げのコンクリートで、照明はテレビの犯罪ドラマの場面のように薄暗い。

フロア内に入ると、ラボで学生がピペット（スポイトのようなもの）を操っているのが、

スチールドアの窓から見える。廊下の反対側が教授たちのオフィスで、天井までのガラスのパーティションで区切られている。

天気のよい6月の午後にサイエンス棟を訪れたのは、このオフィスの中の教授のひとり、35歳の進化生物学教授のパーディス・サベチに会うためだった。パーディスは、好きな仕事をするために、強力な戦略の1つをマスターした人物である。

まず気づくことは、パーディスが生活をエンジョイしているということだ。

イチかバチかの成果に賭ける他の学術分野同様、生物学も厳しい研究環境にあり、若い教授は、仕事中毒のレッテルを貼られる気難し屋になるといわれている。リラックスは失敗の前兆で、同僚の成果は自分にとっては悲劇で、若い研究者は希望を失ってしまう。

パーディスはこの運命を回避した。

会って5分もしないうちに、パーディスが自分の名前のついたサベチ研究室に雇った10人のうちのひとりである、若い大学院生がオフィスに顔を出した。

「バレーボールの練習に行きます」と彼は研究室のチームを指して言った。彼の口調はきわめて真面目だった。パーディスは私とのインタビューが終わったら、すぐに合流すると約束した。

パーディスにはバレーボールのほかにも趣味がたくさんある。

彼女のオフィスの片隅には、明らかに飾りではないアコースティックギターがあった。

パーディスは、ボストンの音楽仲間にはよく知られているサウザンドデイズというバンドで演奏している。２００８年、公共放送ＰＢＳは「ロックを演奏する研究者」というタイトルで彼女のバンドを取り上げた。

パーディスがこれらの活動に注ぎ込むエネルギーは、仕事に対する熱意の副産物である。彼女の研究の多くはアフリカが対象で、セネガル、シエラレオネ、ナイジェリアなどで研究が進んでいる。パーディスにとって、この仕事は、本の出版や補助金の獲得以上の意味を持つ。インタビューの中で彼女は、自分のノートパソコンを取り出し、「この女の子たちと私の動画を見てください」と、YouTube のクリップを取り込んで私に見せた。

パーディスはギターを手に、４人のアフリカ人女性のグループの歌をリードしていた。この動画はナイジェリアの戸外で撮影されたもので、彼女たちは、サベチ研究室が支援しているクリニックで働いていた。「この女性たちは毎日悲惨な死に方をする人々の世話をしているのです」と彼女は動画を流しながら、誰に向かってでもなく話した。

画面では、皆が微笑み、パーディスが彼女らをリードし、時々は調子がはずれながらも、歌っている。「ここに行くのが好きなの。ナイジェリアは私のアフリカのふるさとなんです」とパーディスは言った。

パーディスは、若い研究者の多くが陥る、（ガリ勉にありがちな）自虐的な態度はとらないできた。彼女は生活にエネルギーを注ぎ込んできた（「これは必ずしもやさしいことではありません」と、かつて彼女はあるインタビューで答えている。「でも私は本当に自分のやっていることが好きなのです」）。[*1]

しかし、彼女はどうやってこの偉業を成し遂げたのだろう。

パーディスと話しているうちに、私は、**彼女の幸福は、自分のキャリアを、明確で魅力的なミッションにもとづいて構築してきた結果だ**と感じた。ミッションというのは、彼女の仕事に意味を与えるだけでなく、研究室の外の生活にもエネルギーを与えるものなのだ。ハーバードに特徴的なきわめて高い目標を求める風潮の中でも、パーディスのミッションは決して小さなものではない。

彼女の目標は、簡単に言えば、大昔からある不治の病を根絶することだ。

ミッションが仕事に目的意識とエネルギーを与える

パーディスは大学院生のとき、コンピュータを使ってDNAシーケンスを解析する計算遺伝学という新しい分野に出会った。彼女は、人間の遺伝子情報のデータベースから、今起こりつつある人間の進化という難解な問題を追跡するアルゴリズムを開発した。

人間がいまだに進化しているという考えは、一般の人々にとって驚きかもしれないが、進化生物学者の間では定説である（近年の進化の代表例は、成人の牛乳の消化能力である乳糖耐性で、これは、乳を出す動物を家畜にするようになってはじめて広がった能力だ）。

パーディスのアルゴリズムは、例えば突然変異のような、選択圧から予測される遺伝子流入のパターンを解明するのに、統計的手法を使う。言い換えると、このアルゴリズムでは、無作為探索によって、自然淘汰の結果とみえる「候補」遺伝子が現れるが、自然淘汰がなぜその遺伝子を有益とみなしたか理由を解明するのが、研究者の仕事である。

パーディスはこのアルゴリズムを利用して、病気に耐性をもつ、近年進化した遺伝子を研究している。もしこれらの遺伝子を発見して、それらがどのような働きをするのかを解明すれば、その成果を治療に生かせるかもしれない、と彼女は考えている。

ある集団の人々が強力なウイルスで多数死亡しているとしたら、生物学者は、この集団は「選択圧」下にいると言う。続いて、このグループの幸運な少数のメンバーが、その病気に対する耐性を進化させると、選択圧が働いて、その遺伝子が急速に広がる（新しい遺伝子を持った人々は、その遺伝子がない人々より死亡率が下がる）。この新しい遺伝子の急速な広まりが、パーディスのアルゴリズムが発見した選択シグネチャーである。

パーディスの最初の大発見は、アフリカ大陸最古のもっとも恐ろしい病気で、毎年数万人が死亡する、ラッサ熱に耐性を持つ遺伝子であった（「人々がこの病気で死ぬだけではありません」と彼女は強調した。「ひどく苦しんで死ぬのです」）。それからパーディスは、彼女のコンピュータ戦略で取り組んでいるマラリアと腺ペストを「古代の疫病」のリストに付け加えた。

パーディスのキャリアは、はっきりとしたミッションで方向づけられている。

ミッションは、新しいテクノロジーを古い病気の根絶に使うことだ。

この研究がきわめて重要であることは、彼女の研究が、ビル・アンド・メリンダ・ゲイツ財団とアメリカ国立衛生研究所の両方から数百万ドル（数億円）の補助金を受けているという事実からもわかる。

パーディスがこの目標を見つけた詳細は後述するが、今注目すべき重要な点は、彼女のミッションが彼女に目的意識とエネルギーを与えているということである。

ミッションがあるから、彼女はシニカルな研究者にならずに、仕事に熱意を持つようになったのだ。パーディスのミッションは「仕事が好きになるための土台」であり、これが、私たちが理解すべきキャリア戦略なのだ。

人生において何をすべきか

ミッションを持つということは、自分のキャリアを総合的にまとめる**「軸（コア）」**を持つということである。ミッションは具体的な仕事よりも広義で、さまざまなポジションも網羅し、「人生において何をすべきか」という問いの1つの答えにもなっている。

ミッションが大きな力を持つのは、私たちのエネルギーを有益な目標に向かって集中させ、それによって、世界に大きな影響を及ぼすことができるからだ。ミッションは、仕事が好きになるために欠くことのできない要素なのである。

自分のキャリアを意味あるものにしたいと考えている人は、自分の仕事に満足感を持つと同時に、ハードワークの緊張は極力避けるようにする。

訴訟を起こされている企業に数百万ドルを節約させるために夜遅くまで働くのは、エネルギーを消耗することだが、致死の病気を治すために夜遅くまで働くのは、その仕事を始めたときよりエネルギーが湧きあがり、おそらく、研究室のバレーボールチームを始めたり、ロックバンドとツアーをしたりという新たな情熱も湧くのだ。

仕事で人生のミッションを実現するにはどうすればいいか

私がパーディス・サベチに引きつけられたのは、彼女のキャリアがミッションによって前進し、そのことで彼女は幸福を手にしたからである。パーディスに会ってから、私は好きな仕事をするためにミッションを強化したほかの人々を調査し、さらに2人に出会った。ひとりは、「ディスカバリー・チャンネルで自分の番組シリーズを持ち、自分の専門分野を大衆に普及させる」というミッションを持った若い考古学者。

もうひとりは、一時は退屈していたプログラマーで、マーケティングを体系的に研究することで、仕事にわくわく感を感じることができるようになった人である。彼らが、それぞれのミッションをどのようにして見つけ、どのように展開させていったかを解明しようと考えた。**仕事でミッションを実現するにはどうすればいいのか**、という重要な問いへの答えが欲しかったのである。

見つけた答えは、複雑だった。

その複雑さを示すために、より広い観点からこの問題を見てみよう。

前の3つのルールで、「好きなことを仕事にしよう」は、人には前もって決まった天職があり、あなたに発見されるのを待っているようなことは「ない」ので、悪いアドバイスだと主張した。あなたの目指すところが仕事を好きになることなら、まずすべきなのは、希少で価値のあるスキルを上達させて「キャリア資本」を積み上げ、その後に、この資本を素晴らしい仕事をするために投資すること。

これから説明するように、ミッションは、望ましい特性の1つで、他の特性と同様、まずキャリア資本を構築することが必要だ。キャリア資本の積み上げ経験がないままミッションを始めても、エンジンはプシュプシュ音を発するだけで、ついには止まってしまう。

しかし、ミッションの実現にキャリア資本があれば十分なのかというと、そうでもない。仕事をうまくやる人は多いが、キャリアを魅力のある方向性に持っていくことをしていない。

そこで、よいミッションを思いついて、それを実際に実現するために跳躍する際に重要な役割を果たす、さらに進んだ戦術について考えてみようと思う。


次の章で、思いついたいろいろなミッションを体系的に実験して、追求する価値のある方向性を探し当てることの重要性を述べる。

目標の追求には、「マーケティングマインド」を活用する必要があることも明らかになる。つまり、ミッションは強力な特性であるが、同時に、捉えにくく、実現するには慎重な誘導が必要なのである。この微妙な点が、多くの人々が、このような目標設定を賛美しているにもかかわらず、キャリアにミッションを設定しないままでいる理由だろう。

ミッションは難しい。

しかしこれまでの本書の追求から、私は「難しい」ことには慣れてきている。

本書をここまで読み進んできた読者のみなさんも、慣れてきているだろう。困難は空想家と臆病者を追い払う。しかし、最善の進むべき道を注意深く見つけ出し、自信を持って行動を起こす、私たちのような人間にはチャンスを与えるのである。

第13章 ミッションを見つけるためには

やりたいことをひとつに絞れないという悩み

サラが私にメールしてきたとき、彼女は行き詰まっていた。

大学院に進んで認知科学の勉強をするために、新聞の編集者の仕事を辞めていた。サラは、大学卒業時に大学院に進むことを考えたが、当時は自分に十分なスキルが備わっていないことを心配した。しかし、年齢を重ねるとともに自信もついてきて、「若い頃は恐れていた」人工知能のコースに申し込み、高得点で合格した。サラは、思い切って、フルタイムの博士コースの学生になった。

そこから問題は始まった。

大学院に入って間もなくは、今の彼女の仕事には「ミッション」がないことに気づかなかった。

「興味のあることが多すぎて」と彼女は私に言った。

「理論をやりたいのか、応用をやりたいのか、どちらが役に立つのか、決められないのです。さらに私をおびえさせたのは、他の研究者が皆、天才のように思えてきて……あなたが私の立場だったらどうしますか？」

サラの話を聞いて私は、ルール3で紹介したジェインのことを思い出した。覚えていると思うが、ジェインは「健康、人間の可能性、有意義な人生を発展させるNPO設立」のために大学を中退した。あいにく、このミッションは、彼女の漠然としていたビジョンをサポートする資金を集めることができなくて、厳しい経済的現実にぶちあたった。私が彼女に会ったとき、彼女は普通の仕事を探すためのアドバイスを求めていたが、学位を持っていないため、この仕事探しは困難だった。

サラもジェインも、「ミッション」の力はわかっていたが、自分の仕事にミッションを採り入れることには苦労した。サラは、前章で紹介したパーディス・サベチのように、人々の生活を一変させるような研究をしたいと願っていたが、そんなミッションがすぐに見つからないため、大学院に進んでよかったのかと悩んでいたのである。

一方ジェインは、曖昧なものを創り上げて（「有意義な人生を送る」というビジョンを実現するためのＮＰＯを立ち上げる）、始めてしまえば細かいことはうまくいくだろうと楽観していた。しかし、細かいことはうまくいかず、ジェインは一文無しになり、大学の学位も得ていない。

このような話をしたのは、重要な点がこれらの事例の中に特徴的に表れているからだ。つまり、ミッションを考えるときには慎重さを要するということ。サラやジェインが学んだように、ミッションを軸として仕事を組み立てたいからといって、それは簡単にできるわけではない。

ハーバードのパーディス・サベチを訪れた後、私は、もし私がミッションを自分のキャリアに採り入れるつもりなら、この難しさをよく理解する必要があると考えた。つまり、パーディスと、サラやジェインの違いを明らかにする必要がある。

最終的に私が行き着いた答えは、思わぬところからやってきた。不可解な現象を説明しようとする試みからだった。

４人の教授が起こした「偶然」

この章を書きながら、私は、カリフォルニア州サンノゼでコンピュータ・サイエンスの学会に出席している。今日、面白いことがあった。私は4つの大学からきた4人の教授が、自分たちの最新の研究発表をした部会に出席した。

驚いたことに、4つの発表すべてが、ネットワークにおける情報の普及という同じ範囲の狭い問題に、同じく範囲の狭い技法であるランダム線形ネットワーク符号化を使って取り組んでいた。まるで自分の研究仲間が、ある朝目覚めて自然に一緒に同じ難解な問題に取り組むことを決めたかのようであった。

同じ発見というこの例に私は驚いたが、科学ライターのスティーブン・ジョンソンには驚きではなかった。著書『イノベーションのアイデアを生み出す七つの法則』（日経ＢＰ社、２０１３年）の中で、ジョンソンは、このような「複数」の同じ分野の発表は、科学の歴史ではしばしば起こっていると説明している。[*1]

１６１１年の太陽黒点の発見では、４つの国の４人の科学者が全員、同じ年にこの現象を見つけている。電池は18世紀半ばに２度発明されている。酸素の分離は１７７２年と１７７４年に行われた。ジョンソンが引用したある研究では、コロンビア大学の研究者が、１５０近い科学的大発見がほぼ同時期に複数の研究者によってなされたと報告している。

同時に起こったこれらの発明・発見の例は面白いが、私たちのキャリア・ミッションという問題からは逸脱するように見えるかもしれない。しかし、この現象が、パーディスがやったこととサラやジェインがやったことの違いを明らかにする最初の糸口となるので、私の論を追っていただきたい。

すぐ隣にイノベーションはある

ジョンソンによると、偉大なアイデアはほとんどの場合、「隣接可能領域」で発見されている。これは複雑系の生物学者スチュアート・カウフマンから借りた言葉である。カウフマンは、この言葉で、単純な化学構造から複雑な構造への自発的生成を説明している。

化学成分を含む液体を振って混ぜると、たくさんの新しい化学物質が生まれる。しかし、すべての化学物質が同じようにできるわけではない。新しい化学物質は、液体の中にすでに存在する化学構造が結合して、できたのである。つまり、新しい化学物質は現在の化学構造によって定義される「隣接可能領域」にある。

ジョンソンはこの言葉を、化学物質から文化的科学的イノベーションへと移し替えた。「私たちは先人から受け継いだアイデアに、偶然見つけたアイデアを取り入れて、それを新しい形に作り変える」とジョンソンは説明する。

どんな分野の新しい偉大なアイデアも、現在の最先端のすぐ先、現在あるアイデアの新しい組み合わせを含む隣のスペースに見つかるのだ。重要な発見がしばしば複数回起きるのは、このスペースを調査している最先端にいる研究者が、隣接可能領域に足を踏み入れて、発見されるのを待っていた同じイノベーションに気づくからだ。

ジョンソンが複数の発見例の1つとして挙げた、空気の構成成分としての酸素の発見は、2つのことが起こらなければ不可能だった。

1つ目は、科学者が空気は単なる空間ではなく、元素を含む物質と考えはじめたこと。

2つ目は、実験に必要な大事なツールである精巧な計器が入手できるようになったこと。

これらの2つの発展で、「酸素の分離」は大きなターゲットとなった。2人の科学者、カール・ヴィルヘルムとジョゼフ・プリーストリーがこの方向を見ていた。そして2人は、それぞれ独自に必要な実験を、ほぼ同時期におこなった。


私たちは、イノベーションを雷に打たれたように「ひらめく」と考えがちだ。突如世界を見る目が変わり、今までの理解が一足飛びにはるか前方に進む、と。しかし、私が主張するのは、現実にはイノベーションはもっと「体系的に起こる」ということだ。

私たちは最先端の知識を拡げようと猛勉強をして、隣接可能領域に解決すべき新しい問題を見つけ、最先端の知識をさらに拡大し、次の新しい問題に直面する。「技術（と科学）の進歩は、隣接可能領域の外で起こることは稀だ」とジョンソンは説明する。

前にも述べたように、イノベーションにおける隣接可能領域とその役割を理解するのが、良いキャリア・ミッションを見つける方法を手にするための第1のカギである。

次の項では、科学的大発見の世界と仕事の世界とを関連づける第2のカギを説明する。

良いミッションは科学的大発見に似ている

科学的大発見をするには、今述べたように、まず自分の分野の最先端に到達することが必要である。それで初めて、その先の隣接可能領域が見えてくる。そこでは、革新的アイデアがほぼ常に発見されている。

ジョンソンのイノベーションの理論について考えていたほぼ同時期に、パーディス・サベチについて考えたとき、あることに気づいた。**良いキャリア・ミッションというのは、科学的大発見に似ている**——それは、自分の分野の隣接可能領域で、あなたに発見されるのを待っているイノベーションなのだ。あなたが仕事のミッションを見つけたいなら、まずその分野の最先端に到達しなければならない。そこからしかミッションは見えてこない。

この考え方をすると、サラの苦闘がわかる。

彼女は最先端に到達する前に、ミッションを見つけ出そうとした（彼女が自分の軸となるものがないと焦り始めたのは、まだ大学院2年生のときだった）。

将来への可能性にあふれる大学院2年生の目には、隣接可能領域への探求を目指す最先端はあまりに遠い。もし隣接可能領域を見ることができなければ、仕事の魅力的な方向性を見つける可能性は低い。

ジョンソンの理論によると、サラの場合は、何年もかかるかもしれないが、まず有望な特定分野のスキルを上達させて、それからミッションを探すという順序を踏めば、もっと良い結果になったと思われる。

情熱はあるが成果が出ないケース

ジェインも、この隣接可能領域からの距離につまずいた。ジェインは人々の生活を変えるＮＰＯを始めたかった。しかし、その団体が成功するには、その効果がはっきりと証明されている特定の方針が必要である。ジェインはこの方針を持っていなかった。

この特定の方針を見つけるには、彼女の考えるＮＰＯ活動の隣接可能領域の見通しが必要だった。この見通しを得るには、まず、人々の生活を良くする努力の最先端の知識を得なければならない。

このプロセスは、サラの場合と同じように、忍耐と、おそらくは数年の実務経験が必要だ。ジェインは最先端に行く前にミッションを見つけようとし、予想通り、人々を振り向かせる何物も見つけることができなかった。

後から考えれば、これらのことは明白だ。

生活の変革というミッションが、熟考と前向きな姿勢があれば見つかるものなら、世界の変革はたやすく実現できる「ありふれた現象」となるだろう。しかし、世界の変革はありふれたことではない。めったに起こることではないのだ。まず最先端に到達するのがとても困難であるため、めったに変革は起きない。この困難さのため、私たちの大半は、仕事でこれを試みることは避けてしまう。

鋭い読者は、「最先端に到達する」という言葉が、ルール2で紹介した「キャリア資本」の考え方と重なることに気づくだろう。

キャリア資本は希少で価値のあるスキルを表す言葉で、好きな仕事をするための大切な交渉の切り札である。自分の仕事が好きな多くの人は、まずキャリア資本を構築して、それを、仕事を素晴らしいものにするために投資する。ある分野の最先端に到達することも同じように説明できる。最先端に到達するには、希少で価値のあるスキルを積み上げ、キャリア資本を蓄積することが必要だ。

同様に、最先端に到達して、魅力的なミッションを見つけることは、キャリア資本を投資して、仕事を素晴らしいものにすることである。言い換えると、ミッションはキャリア資本の考え方のもう1つの実行例と言える。もしあなたがミッションを欲しいと思うなら、まず、資本の獲得が先決なのである。

パーディス・サベチのストーリーに戻ると、彼女のミッションへの道が、このキャリア資本の考え方が実行された好例であることがわかる。

「どの仕事に情熱を持てるか」は、やってみないとわからない

「幸福になるには情熱が絶対に必要です」とパーディス・サベチは言う。

この言葉は、私がルール1で誤りであるとした「やりたいことを追い求めよ」という考えにパーディスが賛成しているように最初は聞こえたが、彼女はそこを説明してくれた。

「私たちは、情熱が何であるかを知らないのです。何に情熱を持っているかを誰かに聞けば、答えるでしょう。しかし、それはたぶん、間違っているのです」

言い換えると、仕事に情熱を持つことは大変重要だとは思うが、どの仕事が情熱をもたらすのかを前もって知ろうとするのは無駄であると。

パーディスの話を聞くと、この考え方がどこからきたのかが明らかになる。

「高校では私は数学に夢中でした」と彼女は言った。

それから大好きな生物の先生に会い、それで生物学を勉強しようかと考えるようになっ

た。ＭＩＴに入学したとき、数学と生物学のどちらかを選ばなければならなかった。「ＭＩＴの生物学部は、学生指導に驚くほど力を入れていることがわかったんです」と彼女は説明した。「それで私は生物学を専攻することにしました」

生物学の専攻で新しい計画が始まった。パーディスは、医師になることが当然だと考えた。「私は人の世話をするタイプの人間なので、医師になろうと思ったのです」

パーディスはＭＩＴで好成績を上げ、ローズ奨学生に選ばれ、その奨学金でオックスフォード大学の博士号を取得した。彼女は自然人類学を集中的に研究した。これはオックスフォード流の古風な名称で、単純に遺伝学と呼ばれる分野である。

パーディスがアフリカと伝染病も面白い研究対象だと知ったのは、オックスフォード在学中だった。これは、学生時代に彼女の関心を引いた3番目の分野だった。これで、すべてのリスト、数学、医学、伝染病が出揃った。これが、彼女が、前もって1つの好きな仕事を見つけようとする戦略を警戒する理由である。彼女の経験では、多くのさまざまに異なる事柄が、いろいろな時期に魅力的に見えるからだ。

アフリカへの新しい興味に駆られて、パーディスは、アフリカ系アメリカ人がアフリカ地域に自らのルーツを遡るための遺伝子分析をするリサーチグループに参加した。約2年後に、パーディスは研究室を変える決心をして、友人の提案に従って別の研究室に移った。

この研究室はマラリアに関する遺伝学に取り組んでいた。

悩み、耐えながら、ハーバードとMITを行き来する

パーディスは、オックスフォードからハーバード・メディカル・スクールに戻り、医師の資格（MD）を取得した。驚くことに、彼女はMITの遺伝学の博士号のコースも修了間近だったが、医師になるという以前の予感を捨てきれずにいた。

その結果、パーディスは、空き時間に博士論文を書いている若い医学生ということになった。「質の高い楽しい生活をすることについて何か書きたいなら、ハーバードでの私の生活については聞かないでください」と彼女は警告する。「ハーバードは過酷でした」

パーディスは、学位論文を終えて、ポスドクとなり、ハーバードとMITの間を地下鉄で行き来して、MDのプログラムの最終段階とポスドクとしての仕事をうまく調整した。パーディスは、ハーバードとMITが共同で運営するブロード研究所で、高名な遺伝学者エリック・ランダーのもとで働いていた。

近年の人間の進化を証明するために統計分析を用いるという彼女のアイデアが結果を出し始めたのは、この時期であった。これは結局、「ヒトゲノム上に最近生じた正の選択をハプロタイプ構造から明らかにする」という手堅いタイトルで『ネイチャー』誌の主要論

文として2002年に発表された。[*2]

グーグル・スカラーによると、この論文は発表以来720回以上引用されている。

「この論文を発表してから、人々の私に対する対応は違ってきました」とパーディスは言う。「教鞭をとってほしいというオファーが来始めたのもこの頃です」

彼女はこの時期にMDのコースを終えたが、彼女のミッションが最終的に明らかになったのはこの頃だった。

臨床医になるのは意味がない。

彼女はコンピュータを使った遺伝学を活用して、古代からの疾病と闘う研究者としてのキャリアを目指すことに決めた。

パーディスは、ハーバードの教授職に就き、ついに、仕事において1つの重要課題に取り組む準備ができた。

小さく考え、大きく動け

パーディスの話で印象深いのは、現在彼女のキャリアを定義するミッションを彼女が見つけるまで、トレーニングに非常に時間がかかっていたことだ。

この遅さは、注目を集め始めていた博士論文のリサーチに精力を注ぎながら、同時に医学部の課程もおさめ、卒業するという決断（までのプロセス）に、顕著に表れている。

これはまさに、初日から自分の運命の一部を確信している人間の行動ではない。確信は彼女の『ネイチャー』への論文発表の頃まではなかった。発表の頃にやっと、彼女のコンピュータを使った遺伝学という研究は、その有益性と斬新さが明らかになっていた。

私自身の言葉で言えば、大学の生物学のクラスに始まり、博士課程への進学、そしてブロード研究所でのポスドクとなるまでのこの長いトレーニング期間は、彼女のキャリア資本の蓄積期間だった。

ハーバードで教授となったとき、彼女はついにこの資本を使って、現在彼女が楽しんでいる、ミッションが推し進めるキャリアを獲得したのだ。

ルール4は、「小さく考え、大きく動け」である。

このタイトルの説明には、キャリア資本と、ミッションにおけるキャリア資本の役割の理解が必要だ。

ある分野の最先端に到達することは、「小さく」考えるという行動であり、ある狭い範囲の主題に、ある程度長い期間集中することが必要である。しかし、いったん最先端に到達すると、次は隣接可能領域で「ミッション」を発見し、熱意をもってそれを追求する。

これが「大きく」動くということである。

パーディス・サベチは、狭い範囲の特定分野（アフリカの疾病の遺伝学）に数年間、忍耐強く集中することで小さく考え、次に、ミッション（コンピュータを使った遺伝学で、古代からの疾病を理解し、それと闘う）を明らかにするに十分な資本を得てから、大きく行動した。

対照的に、サラとジェインは、この順番を反対にしてしまった。

彼らは、大きく考えることから始めて、「世界を変えよう」というミッションを見つけ出したが、キャリア資本がなかったため、この大きな考えに対して、小さな効果のない行動しかとることができなかった。

ミッションは、仕事への壮大な動機を自分の中で抑えて、パーディス・サベチに見られるような、「忍耐力をもって順番を正しく踏むこと」を、私たちに要求しているのだ。

第14章 「小さな賭け」でミッションを実現する

アイデアの壁を飛び越える

パーディス・サベチとのインタビューで、適切なミッションを見つけ出すにはキャリア資本が必要だと私は確信した。しかし、この理解が固まっても、ある考えが私の知的満足を妨げ続けた。

なぜ自分のキャリアには、独自のミッションがないのだろう？

パーディスに会ったとき、私はＭＩＴでコンピュータ・サイエンスの博士号を取り、20を超える査読論文を書いていた。リオからボローニャ、チューリッヒなど、世界中で自分の仕事について講演をしていた。つまり、キャリア資本を蓄積していたのだ。

この資本で、私は自分のスキルに関連したさまざまなミッションを見つけることができた。私はアイデアノートを常に携行しているので、ミッションについて考えたことが記録に残っている。例えば、２０１１年３月13日、当時現れつつあった新しい分散アルゴリズム理論（トポロジーが無制限に変化する通信グラフにおけるアルゴリズムの研究）を、自分のキャリアとする可能性を記録している。１９８０年代初頭の、カオス理論の初期の提案者と同じ方法でこの理論の展開に没頭する、とメモが残っている。

しかしここで再び私は悩んでしまう。

可能性のあるミッション候補で埋め尽くされたノートはあるが、特にどれに没頭することもしないできた。なかなか行動に移さないのは、私だけではない。多くの人が豊富なキャリア資本を持ち、多くのミッション候補を見つけることができるのに、実際にそんなミッションに沿ったキャリアを築いている人間は少ない。

このキャリア戦術には、単に最先端に到達する以上の何かが必要なのだ。

ミッションを見つけるために必要な資本を獲得したら、さらに、そのミッションをどのように実行するかをはっきりさせなければならない。このアイデアから実行へ跳躍するための信頼性のある戦略がないと、私のように、そして他の多くの人々と同様、あなたもおそらく、この跳躍を避けることになる。

本章は、この壁を越えられた２つの例のうち、最初の調査について取り上げる。

２つの調査では、大きなアイデアから大きな結果を出す、具体的な戦略を明らかにする。この戦略は、私がノートに書き留めたミッションを、単なるアイデアから、注目を浴びるキャリアの基礎へと進化させるためのものだ。

まず、慣例重視で知られるある分野で、果敢なミッションを展開するシステマティックな戦略を発見した、テキサス南東部の小さな町の元気な若い考古学者の話から始めたい。

人気テレビ番組「アメリカン・トレジャーズ」

私が初めてカーク・フレンチのことを知ったのは、ディスカバリー・チャンネルを見ていたときだった。コマーシャルの間に「アメリカン・トレジャーズ」という新番組の告知があって、２人の若手考古学者を紹介していた。

２人ともジーンズと着古したシャツを着て、古いフォードＦ－１５０でアメリカのへき地を回り、そこに暮らす人々が先祖伝来の財産の歴史的重要性を知る手助けをしていた。この番組のホストである考古学者のカーク・フレンチとジェイソン・デ・レオンはよくしゃべり、エネルギーにあふれ、自分たちの活動を心から楽しんでいるように見えた。

番組第１回の冒頭で、カークとジェイソンは、テキサス東部の荒廃した、埃の舞う通りに面した農場の家屋にいた。彼らはそこで、「ボニーとクライド」で有名なクライド・バロウのものと見られるスーツが本物かどうかを、調査することになっていた。

2人の考古学者は、これが偽物であることを証明するのに30秒とかからなかった。その当時のスーツには、「メイド・イン・チャイナ」のタグはなかったからだ。

しかし、彼らの熱意はそがれなかった。

「あなたの先祖は密造酒を作っていましたね」とフレンチは言った。

「ええ」とスーツの持ち主であるレスリーは答えた。

「密造酒を飲んでみよう」

すぐにピッチャーが出てきて、レスリーはガラス瓶に密造酒を注いだ。そのときレスリーは警告した。「何からできているか聞かないでください。聞けば飲まないでしょうからね」。カークとジェイソンは丸太の上に座って、密造酒を飲み、おしゃべりをした。テキサス東部の荒野で、2人は大いに楽しんでいた。

私は夢中になった。

「アメリカン・トレジャーズ」の魅力を理解するためには、競合番組を知る必要がある。

当時、ケーブルテレビは、ラスベガスの質屋のスタッフが金に困った人々が持ち込む高価な品を値切る様子を追う、ヒストリー・チャンネルの「質屋の星」や、サザビーズが認めるようなもう少し価値のあるものを扱うディスカバリー・チャンネルの「オークション・キングス」のような、「がらくたを現金に」式の番組があふれていた。

私はこんな番組に興味を持ったことはないが、「アメリカン・トレジャーズ」には私の関心を引く何かがあった。タイトルはチラッと見ただけだったが（カークはこのタイトルが嫌いで、抗議したと後に私に言った）、2人の目的がテレビに出ることではないことに興味を持った。

1つは、彼らはプロのテレビ司会者ではなく、考古学者だった（ディスカバリー・チャンネルは、最初のシーズンの撮影をするため、彼らの1学期の講義を買い上げなければならなかった）。さらに、この番組では金銭のやり取りはない（このジャンルの他の番組はこれが柱となっていた）。

古いものに金銭的価値をつけるのは、考古学のミッションとは対立する。カークとジェイソンはこの番組ではものに金銭的価値をつけることを断った。この2人は、「現代考古学の現実について、大衆を教育する」というアイデアに突き動かされているようだった。これが彼らのミッションだった。番組の初回でテキサス東部の荒野で密造酒をすすっている彼らの笑顔が示しているように、追求するのがこの上なく楽しいミッションなのだ。

なぜ私にはミッションのあるキャリアがないのかと自問し始めた頃、カークとジェイソンのことを思い出した。彼らは、アイデアと実行の間の大きなギャップを飛び越えるパーフェクトなケーススタディになると気づいた。

考古学を一般大衆に普及させ、その活動を楽しむというミッションは、紙に書けばいいアイデアだが、特に、大学を出たばかりで従来の学術分野で名を成そうとしているときに、実際に自分のキャリアをこのミッションに捧げることは、恐ろしいことに思える。私はカークに電話して、自信を持ってジャンプした際の戦略を聞き出そうとした。

「副業」で有名人になった考古学者

カーク・フレンチを知る人で、彼を退屈だという人はひとりもいない。「2004年にブッシュが大統領になってから」と彼は私に言った。「僕はちょっとおかしくなったんです。身の回りのものを全部売り払って、森に引っ越しました」

森は、16エーカーの古い農場で、当時カークが大学院生だったペンシルベニア州立大学のキャンパスから車で20分のところにあった。

「世捨て人」として生活していた間、彼は自分の小屋から遠くないリンゴ園に木製のステージを建てて、音楽祭を開いた。音楽祭の名称は、当然ながら、「カーク音楽祭」とした。同じくペンシルベニア州立大学の大学院生ジェイソン・デ・レオンは当時、「ウィルコックス・ホテル」というバンド活動をしていて、カークの音楽祭で演奏した。ジェイソンはカークの起業家的な性格を高く買って、彼のバンドのマネジメントをしないかともちかけた。カークはこれを面白いと考えた。

ふたりは大学院を休学し、ミニバスを購入して「国中をドライブして巡る」ツアーを始めた。この期間に彼らは2枚のCDも出している。これらのエピソードからよくわかるのは、カークが、彼の生活がもっと面白くなると確信できるなら、それに果敢にトライすることを恐れない人物だということだ。

大学院生時代、カークはマヤ文明の水管理を専攻していたが、「ロスト・ワールド」というマヤに関するヒストリー・チャンネルのドキュメンタリーのインタビューを受けた。エネルギーを何か創造的なものに結実させたいと常に考えていたカークにとって、この経験は、一般大衆に現代考古学を知ってもらう彼のキャリア・ミッションを固めるのに役立った。彼の最初の努力は、博士課程を修了してポスドクとなってから始まった。

ペンシルベニア州立大学の考古学者、故ウィリアム・サンダースが撮影した「ランド・アンド・ウォーター：メキシコ、テオティワカン・バレーの生態学的研究」という1961年の古典的ドキュメンタリーを集中的に研究した。この映像は、メキシコ・シティの興隆がどのようにテオティワカン・バレーの生態系と生活を変えたかを記録している。カークのように歴史生態学を研究する人々にとっては、影響力のある映像である。

２００９年の秋、カークはカットされていないオリジナルの16ミリフィルムとサンダースのノートを手に入れた。

彼はこの掘り出し物をもとに、2つのプロジェクトを開始した。

最初のプロジェクトは、オリジナルのフィルム映像をデジタル化し、DVDとしてリリースすることだった。このプロジェクトは2010年の春に完成した。


2番目のプロジェクトは、さらに野心的だった。カークはこのドキュメンタリーの新しいバージョンを撮影することに決めた。新しいバージョンは、テオティワカン・バレーで1960年代から現在までに起こった新たな変化を記録する最新版だ。

カークはペンシルベニア州立大学の人類学部とマヤ探検センターから資金を得てチームを編成し、2010年の冬にメキシコ・シティに向かい、サンプル動画の撮影を始めた。目標は、「資金を提供してくれた機関に、このプロジェクトの重要性を納得してもらうだけの魅力的なショットを撮ることだった。

しかし、カークのミッションの真の突破口は、2009年12月に始まっていた。

この12月のある日、カークの隣の研究室のジョージ・ミルナー教授が、彼を呼んだ。教授の電話の周りに考古学者たちが集まっていて、「このメッセージを聞いてごらん」とミルナー教授は、ヴォイスメールに接続しながら言った。メッセージは、ピッツバーグの北部に住むある男からだった。

「私の家の裏庭にテンプル騎士団の宝があると思うのです」と彼は説明し始めた。

集まっていた学者たちは、皆大笑いした。しかし、カークは言った。「電話してみるよ」。年長の同僚たちは「とてつもなく話が長いと思うから、やめたほうがいい」と警告した。「彼は毎週君に電話してきて、質問をあびせるだろう」

カークによると、考古学のような学術分野では、この種の電話がよくかかってくる。「恐竜の足跡を見つけたなどと言ってくるんです」

研究と授業に追われていて、彼らと応対する時間はない。しかし、カークはここに自分のミッションのチャンスを見出した。

「この種の社会的広がりこそ、考古学者がなすべきことだ」と彼は気づいた。

カークは考古学部にかかってくる一般人からの電話に対応することにした。電話をかけてきた人々に会いに出かけた。考古学の原則を知れば、中世の騎士団が実際にピッツバーグの丘をぶらついていたかどうかを知ることができると説明した。

カークは電話をかけてきた人々に会っただけでなく、彼らと会ったときの様子を撮影した。これには、もっとも面白いケースについてのドキュメンタリーを作ろうという「もくろみ」があった。彼はこのプロジェクトを「アームチェア・アーキオロジスト」（ひじかけ椅子に座った考古学者）と呼んだ。この副業のプロジェクトは、テオティワカン・バレーの撮影と並行して、5年から10年かかると予想していた。「全然役に立たなくても、自分の考古学入門クラスの学生に見せればいいと考えていました」とカークは言った。

テンプル騎士団の宝についての電話を聞いてから間もなくのある日曜日の朝、カークはカメラマンと音声係を連れて、その話を調査するためにピッツバーグに向かった。「彼はとても頭のいい男でした」とカークは振り返る。「馬鹿げたアイデアを持っていましたが、面白い男でした。僕たちは終日ぶらぶらして、ビールを飲み、おしゃべりをしました」あの「宝」は、結局、砂利採取場で見つかった古い鹿の骨と鉄道の犬釘だったことがわかったが、この経験はカークにとって元気づけられるものだったし、彼が思っていたよりも大きな派生効果をもたらした。

この頃、ディスカバリー・チャンネルは考古学に関係するリアリティ・ショーの企画を決定した。テレビ界では常識だが、このアイデアを自分の局で制作するのではなく、大まかなコンセプトを伝えて、プロダクションに番組の企画をまとめるよう任せた。カークがピッツバーグで動画を撮影した3カ月後に、このプロダクションの1つが、ペンシルベニア州立大学の考古学部長とコンタクトを取り、この学部長が部下にこのメッセージを伝えた。「当時私は講師になってわずか3カ月でしたが、メディアに大きな関心を持っていましたから、『自分がやってもいいはずだ』と考えました」とカークは振り返る。

カークはそのプロダクションと連絡をとり、挨拶もそこそこに、「番組のアイデアがある」と申し出た。彼はそのプロダクションに、「アームチェア・アーキオロジスト」の動画を送った。

このプロダクションはカークのアイデアとカークという人物を気に入った。彼らは、テンプル騎士団の宝があるとされた場所をカークが訪れるところを再度撮影し、そのテープをディスカバリー・チャンネルとヒストリー・チャンネルに送った。ヒストリー・チャンネルは、パイロット版の金を出すと言ったが、ディスカバリー・チャンネルは、「パイロット版なんて要らない、8話撮影しようじゃないか」と言ってきた。

ディスカバリー・チャンネルがカークにもう1人のホストを推薦するように言ったとき、彼が思いついた名前は、同じくペンシルベニア州立大学を卒業して、ミシガン大学の准教授になったばかりの友人ジェイソン・デ・レオンだった。ふたりは、ディスカバリー・チャンネルが彼らの翌年の秋の講義を買い取ることができるように手配し、将来「アメリカン・トレジャーズ」[*1]となる最初のシーズンの撮影に出かけた。

「小さな賭け」の積み重ねで、ミッションを実現する

カークのミッションは考古学を普及させること、また、そのことで生活にわくわく感を出したいと思っていた。そして「アメリカン・トレジャーズ」のホストを務めることで、このミッションを実現した。ここで知りたいのは、彼が、どのようにして一般的なアイデ

アから具体的な行動に跳躍したか、ということである。

私は気づいた。カークが「アメリカン・トレジャーズ」に行き着いたのは、一歩一歩進んできた結果である。彼はテレビ番組のホストになりたいと突然思いつき、その夢を実現するために行動したのではない。そうではなく、考古学を普及するという最初のミッションから前進して、小さな、ほとんど不確かともいえるステップを進み続けたのだ。

例えば、彼が「ランド・アンド・ウォーター」の古いフィルムリールをたまたま見つけた際、それをデジタル化し、ＤＶＤを作ろうと決めた。この小さなステップの後に、そのドキュメンタリーの新しいバージョンを作成するため、動画を撮影するのに必要な資金を集めるというちょっと大きなステップをとった。

ジョージ・ミルナーがあの運命のヴォイスメールを彼に聞かせたとき、彼は、自分が教える考古学入門コースのネタとして以外はどんな役に立つか勝算のないまま、「アームチェア・アーキオロジスト」を始めるという新しい控えめなステップをとった。しかし、この最後の小さなステップが、勝利をもたらし、自分のテレビ番組へと一直線につながった。

カークのストーリーを順序立てて考えようとしていたとき、たまたま話題の新しいビジネス本に出会った。

『小さく賭けろ！』（日経ＢＰ社、２０１２年）というタイトルで、ピーター・シムズ[*2]という元ベンチャー・キャピタリストが書いた本だ。シムズはスティーブ・ジョブズやクリス・ロック、フランク・ゲーリーなどの成功した革新者たち、アマゾンやピクサーなどの革新的企業を研究して、すべてに共通の戦略を発見した。

「彼らは大きなアイデアから始めたり、プロジェクトの全体計画から始めたりしなければならないと考えるのではなく、良い方向に向かう**小さな賭け**を続けて、たくさんの小さな失敗や、小さいが意味のある成功から大切な情報を得ている」（強調は著者ニューポートによる）と彼は述べている。

この素早く頻繁なフィードバックが、「彼らが予期しない道を見つけたり、素晴らしい結果に到達することを可能にしている」とシムズは主張している。

このような小さな賭けは、カークが考古学を一般大衆に親しみやすいものにしようという彼のミッションを見つける際に実行したことである。カークはドキュメンタリーを撮影してDVDを作り、自分が教える学生に見せようとした。

このDVDが大きな結果をもたらしたが、カークは前もってこの結果を予想したわけではない。

小さな賭けは一口サイズだということが重要な点である。

なにか1つ始めると、結果がわかるまで数カ月はかかる。しかし、成功でも失敗でも、次のステップの指針となる重要なフィードバックを得ることができる。このアプローチは、大胆な計画を選んで、成功に向けて1つの大きな賭けをするという考え方とは対照的である。もしカークがこれをしていたら——例えば、「ランド・アンド・ウォーター」のドキュメンタリーの普及に数年をつぎ込むことを前もって決めていたら——彼のミッションはあれほど成功しなかっただろう。

パーディス・サベチの例を振り返ってみると、ここでも小さな賭けの戦略が実行されていることに気づく。

思い出してほしい。彼女は大学院生の早い時期に、アフリカの伝染病と闘うというミッションを追求することに決めた。しかし、この段階ではどうやってこのミッションを実現したらいいかわからなかった。それで彼女は小さな実験を始めた。

パーディスは、アフリカ系アメリカ人の遺伝的遺産について研究するラボで働き始めた。これは正しい方向とは思えなかったので、次にマラリアを研究するグループに移った。しかしここでも、彼女のミッションを実現するはっきりとした道筋は見えなかった。

ハーバードに戻ったパーディスは、ブロード研究所でポスドクとして働き始める。ここで彼女は、コンピュータを使ってヒトゲノムに自然淘汰のマーカーを探すというアプローチを見つけ、これが彼女のミッション実現に弾みをつけた。

長い賭けの連続の後のこの最後の賭けが、大きな成功を生み出した。この時点でパーディスはキャリアをこの研究に集中させた。パーディスの広義なミッションを具体的なものとして成功させたのは、大胆に行動したからではなく、すぐには最終判断を下さない小さな賭けの積み重ねだった。

やりたいこととミッションの統合

ミッションについて考えてきたことをここでまとめてみよう。

第13章では、パーディス・サベチの例を引いて、キャリアの現実的ミッションを見つける前に、キャリア資本が必要なことを強調した。しかし、いいミッションの案があるからといって、それをうまく実現できるとは限らない。そこで本章では、カーク・フレンチの例を見ることによって、現実的ミッションを見つけることから、それを実現するための跳躍の方法を明らかにしようとした。

そこで、「小さな賭け」が重要であることを発見した。成功のチャンスを最大にするには、小さな、具体的な実験が必要である。

そしてこの実験は具体的なフィードバックを得られるものでなければならない。カークにとっては、ドキュメンタリーのサンプル動画を撮って、それで資金を集めることができるかどうか、ということである。このような小さな賭けは、広義のミッションを実現するいくつかの具体的な道を試験的に実行して、大きな成果を上げる可能性がもっとも高い道を探すチャンスでもある。

キャリア資本で魅力的なミッションを見つけることができれば、小さな賭けの戦略でミッションを成功させることができる。このキャリア戦術を実行するには、キャリア資本と小さな賭けが必要だ。しかし、次章で見るように、ミッションの話はこれで終わったわけではない。

ミッションについての探求を続けるうち、私は第3の、最後の戦略を発見した。この戦略で、好きな仕事を見つけたいという望みとミッションを統合させるのである。

第15章 ミッションにはマーケティングが必要

成功したから、キャリアそのものを好きになれた

ジャイルズ・ボーケットは自分の仕事が好きだった。

実際、私が初めてジャイルズに出会ったのは、「私の注目すべき生活」という件名のついたメールを彼が送ってきたときだった。

しかし、ジャイルズはずっと自分のキャリアを好きだったわけではない。一文なしで失業していたときもあったし、退屈で眠くなってしまうような仕事になんとか耐えた時期もあった。

ターニングポイントは、２００８年にジャイルズがＲｕｂｙというプログラミング言語

を専門とするコンピュータ・プログラマーのコミュニティーで〝スター〟になったときだった。

「地球上のRubyを使うプログラマー全員が、僕の名前を知っているかのようだった」と彼は、新たに得た名声を振り返りながら言った。

「アルゼンチンからノルウェーまでいろいろな人々に会いました。彼らは、僕のことを知っているだけでなく、僕自身がみんなが僕を知ってるなんてまったく思っていなかったことに、すごく驚いていましたね」

　どのようにしてジャイルズがスターになったのかこれから説明するが、まず強調したいのは、スターになったことで、彼は自分のキャリアをコントロールすることができるようになり、キャリアを好きになることができた。

「サンフランシスコやシリコンバレーの企業が、関心を寄せてきました」とジャイルズは2008年に始まったこの時期を振り返りながら言った。

　2008年、アメリカのRubyのトッププログラミング企業の1つ、ENTPに就職することに決めた。給料は倍になり、面白いプロジェクトに取り組むことができた。

　2009年、ジャイルズの中に起業家精神が芽生え、ENTPを辞めて、ブログとミニウェブアプリケーションをいくつか立ち上げた。これは間もなく、ジャイルズが暮らしていくに十分な収入をもたらした。

「僕がさまざまなジャンルのことについて考えていることを『知りたい』という人たちがいたんです」と彼は言う。「彼らの大部分は、僕に質問するためだけに喜んでお金を払ってくれました」

チャンスからチャンスへと飛び移る

次にジャイルズは、ひとりのライフスタイルはもう十分ということで終止符を打ち（「家で仕事をするのは、ルームメートやガールフレンドや愛犬がいない場合は、ちょっと不自由だから」）、ヒットリコードという制作会社で働いて映画製作という長年の関心事を実現することにした。ヒットリコードは、俳優ジョセフ・ゴードンが創設した会社で、共同でメディアを制作するウェブサイトのプラットフォームを提供していた。

報酬が良かったわけではなく（ハリウッドでは、プログラマーの報酬は一般に不的確だといわれている）、ただ面白そうだった。

これはジャイルズの仕事ではもっとも重要な基準だ。

「かなり面白い経験だった」と彼は言う。「『インセプション』と次回の『バットマン』に出演予定のスターのひとりと、彼の家でビールを飲んだりしました」

私と会って間もなく、ジャイルズはハリウッドでの仕事を成功させ、次の仕事に移った。

ある出版社が本の執筆を彼に依頼し、その申し出を受けた。やりましょう、面白そうだったから。

チャンスからチャンスへと飛び移るジャイルズは行き当たりばったりに見えるかもしれないが、このライフスタイルは彼の多動的パーソナリティと完全にマッチしている。

例えば、ジャイルズが好むプレゼンテーション・テクニックの1つが、スライドを早く転換しながら、徐々に話すスピードを速めて、1スライドに1つのキーワードを入れ、自分がその言葉を発するちょうどそのときにスクリーン上で光るようにするというものだ。言葉と同時にカフェインがほとばしるようなものだ。

ジャイルズは、自分の資本を使って、自分の個性に合わせたキャリアを構築していた。それによって、自分の仕事が好きになっているのだ。

マーケティングの手法を使って〝好き〟を仕事にする

ルール4でジャイルズの例を挙げる理由は、彼に名声をもたらしたのは、彼の活動の中核にミッションがあったからだ。

ジャイルズは、アートの世界とＲｕｂｙのプログラミングの世界を結びつけて、ミッションを実現しようとした。彼はこれを、ダンスミュージックを書き、演奏するオープンソースの人工知能プログラムである、アーキオプテリスをリリースすることで成し遂げた。

アーキオプテリスが動いているのを見ると、不気味だ。無味乾燥なコマンドがマックに打ち込まれると、攻撃的で複雑なテクノビートが始まる。人工知能（ＡＩ）エンジンの基礎であるベイズの確率マトリクスで、値が１つ変化すると、突然ビートがまったく別のものに変わる。音楽の創造性がひと続きの方程式と簡潔なコードの列に変換される。この技術がジャイルズをスターにした。

しかし、私がジャイルズに興味を引かれるもっとも大きな点は、アートとＲｕｂｙを結びつけるという広義のミッションから、どうやってジャイルズを有名にしたプロジェクト、アーキオプテリスに跳躍することができたのか、ということだ。

前章では、広義のミッションから具体的プロジェクトへと前進する方法を探るため、「小さな賭け」を積み上げることの重要性を強調した。

しかしジャイルズは、この目標にもう１つのニュアンスを加えた。マーケターのマインドで、自分のミッションを実行するプロジェクトを見つけようとした。

あるアイデアが人を引きつけ、他のアイデアが完全に失敗する理由を知るために、多数のマーケティングの本を体系的に研究したのである。マーケティングの手法を使ったアプローチは、心から好きな仕事をするという願望を実現するため、ミッションを採り入れようとする場合に大いに役立つのだ。

「紫の牛」で自分を売り込む

ジャイルズのキャリアは、サンタフェ・カレッジを1年で中退したときに始まる。それから脚本を書こうとしたが、「あまりうまくなかった」ので作曲をすることにした。「こっちの方がましだったが、お金にはならなかった」。ほかのことにも気を引かれた。もともと芸術家肌のジャイルズは、働いていた会社のグラフィックデザイナーと親しくなり、新しいマークアップ言語を知った。これは、デザインの世界を変える、ＨＴＭＬという言語だった。

ジャイルズは１９９４年に初めてウェブサイトを立ち上げ、１９９６年にはサンフランシスコに移り、初期のウェブサイトの基礎となったプログラミング言語のＪａｖａとＰｅｒｌについての本を書いた。１９９４年に3万ドルだったジャイルズの収入は、１９９６年には10万ドルに跳ね上がった。ドットコムブームが高まり、ジャイルズは、ちょうどいい時期に、ちょうどいいスキルを持って、ちょうどいい場所にいた。

まず、サンフランシスコですべてがうまくいった。ウェブサイトの制作をエンジョイし、暇なときは、地元放送局のＤＪの活動に加わった。しかし、キャリアというのはそれ自体に勢いがあるものだ。ジャイルズは間もなく投資銀行のプログラミングをするようになる。

「当時は退屈し切っていたので、何か大胆なことをやることにしたんです。それで、面白いスタートアップに就職しようとしました」

履歴書を出した次の日に、その会社は破産した。最初のドットコムの破たんが始まっていた。「間もなく、僕は友人の中でただひとり無職になっていました」「何かもっと面白いことをしたいと人材スカウトに言ったところ、仕事があるだけでも喜ぶべきだと返されましたね」

しかし、自分らしさを求めるジャイルズの性格から、人材スカウトのアドバイスは無視して、サンタフェに戻ってしまった。両親の土地にレンタルのキャンピングカーを止めてその中で生活し、地元のコミュニティー・カレッジで学びながら、両親の太陽光発電の家の建築を手伝っていた。学んでいたのは、絵画、声楽、ピアノと、もっとも重要なアルゴリズムを使った作曲、偶然性の音楽を彼に教えたスタジオ・エンジニアリングだった。

ジャイルズが大きな決断をしたのは、田舎のアートコースで学んでいたこの時期だった。キャリアをうまくコントロールできていない場合、投資銀行のコンピュータ・コードを書きながら退屈しているような危険地帯に陥ってしまう。

ジャイルズにはキャリアを導くミッションが必要だった。

ミッションがなければ、何度となく罠にはまってしまう。ジャイルズは自分のミッションは、自分の生活の芸術的な部分と、技術的な部分を結びつけることだと判断した。しかし、このアイデアからどうやって金を稼ぐことができるのかがわからなかった。この答えは、奇妙な組み合わせの2冊の本から見つかった。

「あなたは目立つことも目立たないでいることもできる」とセス・ゴーディンは、『「紫の牛」を売れ！』[*1]（ダイヤモンド社、2004年）で言っている。

このテーマについてゴーディンは『ファスト・カンパニー』誌に書いている。「世間には退屈なことが山ほどある。茶色い牛たちだ。茶色い牛に目を向ける人間はいない。しかし、紫の牛は目立つ。常識破りなマーケティングとは、人の注目を集める価値のあるものを創り上げる技術である[*2]」

ジャイルズはゴーディンの著書を読んだとき、突然ひらめいた。持続可能なキャリアを創り上げるというミッションを達成するには、紫の牛、人を魅了して他の人にその存在を伝えたくなる常識破りな（アピール力のある）プロジェクトを創り上げなければならない。

しかしここで、ジャイルズは第2の疑問にぶつかった。

コンピュータ・プログラミングの世界で、どこでアピール力のあるプロジェクトを始めることができるか？

この第2の疑問への答えは、2005年に発行された奇妙なタイトルの本『My Job Went To India オフショア時代のソフトウェア開発者サバイバルガイド』（オーム社、2006年）[*3]にあった。この本は、ソフトウェア開発者へのキャリア・アドバイスもしているRubyの著名なプログラマー、チャド・ファウラーが書いたものだ。

ファウラーがこの本で紹介する52の戦略に特徴的なのは、求職者は、オープンソースのソフトウェアの潮流に加わるべきだという考えだ。

この潮流には、自由に使えて修正できるソフトウェアをボランティアで作成しているコンピュータ・プログラマーが結集している。このグループは、人々の尊敬と注目を集めている。ソフトウェア開発で名を上げたい、雇用を確保するような功名を立てたいなら、オープンソースのプロジェクトで質の高い貢献をすることに的を絞るべきである。ここが、自分を売り込むべき相手が人材を探している場所なのだ。

「この時点で私は単純に2＋2の計算をしたんです」とジャイルズは言う。

「『紫の牛』を売れ！』と『オフショア時代のソフトウェア開発者サバイバルガイド』を総合すると、自分をプログラマーとして売り込むもっとも良い方法は、アピール力のある常識破りのオープンソースのソフトウェアを作ることです。そして、私はこれを実行したのです」

ゴーディンのアドバイスに従って、ジャイルズは人工知能によるミュージッククリエーター、アーキオプテリスのアイデアを思いついた。

「私のように、いろいろな経験をしてきたプログラマーは他にいないと思います」と彼は言う。

「Ｒｕｂｙのプログラマーたちの多くはダンスミュージックが好きです。でも、何時間もかけてブレイク・ビーツやシンセサイザーのパッチを何度も何度も微調整して、１枚も売れない自主制作のレコードを出して、音楽理論を勉強しているような人間は他にいないと思いますよ」

つまり、実際にＲｕｂｙで音楽を創り出すプログラムを制作するというジャイルズの能力はユニークだった。これに成功すれば、紫の牛になれる。

ファウラーのアドバイスからヒントを得て、ジャイルズは次に、オープンソースのプログラマーのコミュニティーが、この紫の牛を世間に知らせるパーフェクトな場所だと判断した。オープンソースのアーキオプテリスのコードの発表に加えて、ジャイルズは、アーキオプテリスを世間に広めるために旅に出た。

「チャド・ファウラーのアドバイスを大きく超えて、ありとあらゆるユーザーグループや会合で話をしました。２００８年は15を超える講演をしました」とジャイルズは振り返る。

このゴーディンとファウラーのアドバイスのハイブリッドは成果を上げた。

「いろんなところからオファーが来ました。この業界のスターたちと仕事をするようになり、アーキオプテリスについての本を書くように誘われました。以前より高額のお金を要求できるようにもなりました」。これが、ジャイルズが彼のミッションを成功させた戦略だった。

常識破りの「アピールの法則」を使う

ジャイルズの話を振り返ると、同じ言葉「注目」が繰り返し出てくる。

ジャイルズが気づいたことは、ミッションに導かれたプロジェクトは、2つの意味で注目に値するもの、つまりアピール力がなければならない。第一に、魅力ある人々が注目し、話題にするという文字通りの意味でのアピール力。意味をはっきりさせるために、アピール力のないものについて考えてみよう。アーキオプテリスを発表する前にジャイルズは、別のオープンソースのプロジェクトに取りかかっていた。

ジャイルズは、Rubyの人気のコマンドラインツールを集めて、一貫した説明書付きのパッケージにまとめた。このプロジェクトのことを他のRubyのプログラマーに聞いたとすると、おそらくその人物は、このプロジェクトは堅実で、質が高く、役に立つと答えるだろう。しかし、これは、このRubyのプログラマーが、「これはぜひ試してみるべきだ」と友人に知らせるほど魅力的ではなかった。

セス・ゴーディンの言葉を借りれば、この初期のプロジェクトは「茶色の牛」だった。対照的に、コンピュータに自作の複雑な音楽を作曲させることは、紫の牛だ。人を刺激し、注目させ、他の人に知らせたいと思わせる。

アピールについてのこの最初の考え方のいいところは、どんな分野にも使えることである。本を書く場合を考えてみよう。最近の大学生の就職を手助けするしっかりとしたアドバイス本を私が出した場合、これは役に立つとあなたは思うかもしれないが、すぐにiPhoneを取り出して、この本を褒めるツイートをしようとはたぶん思わないだろう。

一方、もし私が「好きなことを仕事にしよう」は間違ったアドバイスだという本を出版するとすれば、これはあなたを魅了して、それを他の人に知らせようと思うだろう。あなたが今持っている本は、最初から「アピール力がある」と見られたいと意図されたものなのだ。

みんなが注目する場所でプロジェクトを広める

同時に、アピールには第二の意味もある。ジャイルズはみんなが注目するプロジェクトを探すだけではなく、みんなが注目する場所で、そのプロジェクトを広めた。

オープンソースのソフトウェアのコミュニティーだ。チャド・ファウラーが言うように、このコミュニティーには面白いプロジェクトに注目して、そのうわさを広めるインフラがある。うわさ好きというこの特性がなければ、紫の牛は、意表を突くものであっても、見つけられはしないだろう。つまり、もしジャイルズがアーキオプテリスをクローズソースの商業ソフトウェアとして、専門ウェブサイトやミュージック・コンベンションで発売していたら、おそらくこんなブームは起きなかっただろう。

ここでも、アピールという考え方は、ジャイルズのＲｕｂｙのプログラミングの世界だけに当てはまるのではない。


キャリアに関するアドバイス本の発行の例に戻ると、早い段階で私は、ブログが自分の考えを紹介するいい場所だと気づいた。ブログは目に見えるし、例えば、リンクやツイート、フェイスブックなど、面白いアイデアが素早く広まるインフラも整っている。

このインフラの特徴から、この本を出版社に売り込む前から、「やりたいこと」とスキルについての私の考えを評価する支持者が大勢いたし、そのインターネット・ミームが拡がって、新聞や世界中の主要なウェブサイトがこの問題に関する私の考えを引用し、その記事がまたオンラインで引用され、数千回もツイートされた。

もし私が自分のアイデアを、料金をもらう講演会でだけ紹介することにしていたら、キャリアについての考え方を変えるという私のミッションは前に進まなかっただろう。発表の場所に十分なアピール力がないからだ。

考えを整理するため、このアイデアを簡潔な法則で言い表すことにする。

ミッションを成功させる、アピールの法則

ミッションが推進するプロジェクトを成功させるには、2つの仕方で注目を集めなければならない。1つ目は、そのプロジェクトに接した人がそれに魅了され、他の人に伝えたくなること。2つ目は、そんな口コミを起こす、人々に注目される場所で発表することだ。

本書の核となるアイデアはシンプルだ。心から好きな仕事を見つけるには、まず希少で価値のあるスキルに上達してキャリア資本を積み上げ、次にこの資本を、魅力のあるキャリアを実現するためにつぎ込む。ミッションはこの投資先の1つである。

RULE 4 まとめ

ルール4では、ミッションにもキャリア資本が必要だと強調した。自分の分野で習熟することなしに、一足飛びに大きなミッションを実行することはできない。**ミッションを実現するために最適なアイデアは、隣接可能領域――最先端の向こうにある領域――にある。**

小さな賭けの戦略　ミッションを成功させるために具体的なプロジェクトを始めなければならない。これを達成する効果的戦略は、小さなステップを試すこと、つまり、小さな賭けを積み上げることで、具体的なフィードバックを得て、次にやるべきことを明らかにすることである。

アピールの法則　あるプロジェクトでミッションを成功させるには、2つの方法でアピールしなければならない。まず、文字通り、人がそれを話題にしたいと思うほど魅力的であること。第2は、そんな注目を集める場所でそのプロジェクトを始めなければならないということ。

アピールの法則を適用することで、ミッションを魅力的なアイデアから魅力的なキャリアに変える方法を見つけるチャンスが大幅に増える。

終章
4つのルールを適用した、私の就活

そして私のキャリアはどうなったか？

本書の序章で、ここまで探求してきたキャリアの問題を考えるきっかけについて述べたが、そのころ私は、大学院のポスドクとして、自分の人生の方向性が次第に定まってきた。そして、研究者としての市場に参入しようとしていた。

大学教授として成功することは簡単ではないことはわかっていた。自分でコントロールできていなければ、使い捨てられる。さらに不幸なことに、私が入ろうとしていた市場は金が稼げない。大学や研究所でのポジションも見つけられないかもしれない。こんなことが、私がキャリアについて一から考え始めたきっかけだ。

自分の未来の不確かさから、こんな疑問が突然頭をもたげてきた。人は、自分がしていることをどうやって好きになるのだろう？

２０１０年の秋、私は研究職に応募していた。12月の初めまでに20のポジションに履歴書を送っていた。研究職の就活の奇妙な点は、同僚がそれを大変なことだと推測して、仕事の量を減らしてくれることだ。実際に求職には労力が必要だが、忙しさは一気にやってくるので、そうでないときは長い返事待ちの時間がある。この期間は特に何もすることがなく、手持ち無沙汰で居心地が悪い。

そうして、12月に、20の履歴書を求職先に送り終えると、私は大学の夏休み以来、初めて何もすることがなくなった。

自由時間を手に入れた私は、本格的に私の問題追求に取り組み始めた。

私が他の人のキャリア・ストーリーを探し始めたのも、この時期である。成功例も失敗例も含めて、何かを学びたかった。

例えば、私は何人かの夢破れた友人たちから聞いた話から「好きなことを仕事にしよう」というアドバイスは間違いだという、長い間真実かどうか迷っていた考えが正しいと確信した。しかしこの考えを検証するには、どんなキャリア幸福戦略が正しいのかを解明しなければならない、というさらに難しい問題が立ちはだかる。

この問題の解明は、私の就活が忙しくなったため、１月と２月は中断した。私は面接で話す内容の準備に入り、届き始めた面接通知の取捨選択を始めた。

3月初めに面接のため旅行に出た。そのなかにジョージタウン大学があった。ジョージタウン大学はすべてが自分にぴったりきた。当時私は、返事の期限がすぐに来る別の仕事のオファーを受けていた。

私は、ジョージタウン大学の担当者に、大学が気に入り、ポジションにも興味があるが、返事を迫られているオファーがあることを伝えた。その夜遅く、ジョージタウン大学の研究部門の責任者から重要なメールを受け取った。たった3文の簡潔なメールだった。

木曜日にあなたにオファーをします。
午後に詳細の通知をするので、連絡先を教えてください。
携帯電話が連絡のベストな方法ですか？

私はその春に予定していた2つの面接を断って、ジョージタウン大学のオファーを受けた。サイは投げられた。私は准教授になる。最終的に決まったのは、3月の第2週だった。

仕事のスタートは8月。私が追い求めていたキャリアに関する問題に答えを出すまで、4カ月の猶予が与えられた。自分は今、仕事を得た。しかし、この仕事を好きになるにはどうすればいいかを解明しなければならない。その年の春と夏、私はルール2から4の核となるインタビューをする旅に出た。

この最終章を書いているのは、准教授として最初の学期が始まる2週間前だ。ここ数カ月は、本書の問題を考えることと、これまで述べてきた私自身の経験を書くことに費やした（この本を書く契約にサインしたのは、ジョージタウン大学のオファーを受けたわずか2週間後だった）。

この本の最後の部分を執筆するタイミングとしては申し分ない。この原稿を書くのは、准教授としての新しい生活に注意を集中するわずか数日前になる。私の仕事を人にアピールできるものにするために何をすべきか、自信を持ってこの章を書き始めることができる。

キャリアについての私の探求の中で、いくつかの驚くべきことが明らかになった。

自分の仕事を好きになるには、「やりたいことを追い求めよう」というのは間違ったアドバイスで、希少で価値のあることでスキルを磨くことの方が重要だ。その上で、それで生まれたキャリア資本を、仕事を素晴らしいものにする条件に投資する。自由度（自分でコントロールできる）とミッションがその代表例である、ということである。

この最終章で私が言いたいのは、私自身の仕事にこのアイデアをどのように適用しているか、ということだ。

つまり、私の思考プロセスを紹介して、具体的に、ルール1から4までの考察が、私の新しいキャリアの初期段階で一定の役割を果たしていることを明らかにしたい。

このルールの適用は、もちろん試行的なものだ。私はまだ准教授になっていないし、准教授になることがどのような展開になるのかを見るには期間が足りない。だが、試行的であることが、かえってこのルールの適用を生きたものにすると思う。

この本で論じたことを自分の仕事と人生に応用するために、今現在とるべき具体的な行動の実例がここにある。どの道を取るかは個人によって違うと思うが、好きな仕事をすることについての新しい考え方にマッチする、キャリアの再構築はどうすればできるのか、を理解するきっかけを見つけてほしい。

ルール1　「やりたいこと」は見つからない、の適用

ルール1は、「好きなことを仕事にしよう」は間違ったアドバイスだと主張した。大多数の人々には、見つけられることを待っている「やりたいこと」が前もってあるわけではない。好きな仕事を見つける道筋は、とても複雑だ。この考えは、私がこの問題の追求を始めて、初めて出てきたものではない。長い間疑問を抱いてきたことだった。

ルール1では、この考えを証明するための私の最近の努力を述べているが、種はずっと以前に播かれていた。

「やりたいこと」の追求への反論は、私が高校生の頃始まった。

友人のマイケル・シモンズと私は、プリンストン・ウェブ・ソリューションズという名のウェブデザインの会社を起業した。この会社は小さなきっかけで始まった。時は1990年代の終わり。最初のドットコムブームの時期で、メディアは10代のCEOが数百万ドルを稼ぐ話を大々的に報じていた。マイケルと私は、これはありきたりの夏休みのアルバイトより面白そうだと考えて、ハイテク企業向けに、例えば、アマゾンのようなクリエイティブな新しいアイデアを考え出そうとした。

しかし挫折して、結局、初めは決してしないと誓っていたウェブサイトのデザインをすることにした。本当にやりたいことからは遠く離れていたが、私たちは退屈で、暇で、野心だけあった。危険な組み合わせだ。起業は、思いつく中でもっとも有望な未来のようにみえた。

プリンストン・ウェブ・ソリューションズは、華々しい成功とはいかなかった。

これは私たちが意図したことでもあった。真面目な企業に成長させるために必要な時間を投資しようとは思っていなかったからだ。高校の最終年度に、この会社には、地元の建築設計事務所、地元の工科大学、そして、構想は不十分だが妙に資金だけは十分あった高齢者をターゲットにしたウェブポータルなど、6~7社のクライアントがあった。契約金額は、5000~1万ドルだった。

実際のプログラミングの大半をやっていたインドの下請会社のチームに支払うだけの額はあった。マイケルがニューヨーク大学、私がダートマス大学に入ったとき、ウェブサイトデザインの会社はもう十分やったと思い、例えば、女の子のような、もっと目の前の興味の方に関心を移した。

私と同世代の人々の多くは、「好きなことを仕事にしよう」というキャリアのアドバイスを拒否するのは、正しくないと考えている。

だが私は、「〝好き〟を仕事に」の崇拝に魅力を感じたことはない。この点で、私はプリンストン・ウェブ・ソリューションズでの経験を信用している。

この会社を始めたのは、「やりたいこと」の追求とは全く関係がなかったからだ。ビジネスを順調に進めるやり方がいったんわかると、このスキルは希少で価値があることが判明した（特に我々の年代では）。このキャリア資本はその後さまざまな面白い経験に生かすことができた。

私たちは、スーツを着て役員室でプレゼンテーションをした。10代の若者が手に入れることができないようなものを買うのに、お金の心配をすることもなかった。学校の先生たちは、この起業に感心し、ミーティングのために学校を休むことを内緒で許可してくれた。雑誌は私たちのことを取り上げ、カメラマンは新聞用の私たちの写真を撮りに来た。これらの経験すべてが、エリート大学に合格するのに大きな役割を果たしたことは確実だ。

人生を面白くすることと、徹底した自分探しはほとんど関係がないことがわかった。プリンストン・ウェブ・ソリューションズは、仕事の幸福は天職を見つけることだという考えは間違いだということを私に確信させた。

この10代の頃の経験から、大学に入ると、クラスメートがどんな仕事に就きたいかという問題に悩み始めるのを、好奇心を持って観察した。

クラスメートにとっては、専攻を選ぶというような基本的な問題がものすごく重要なことだった。私は、これはナンセンスだと思った。

世界は、プリンストン・ウェブ・ソリューションズのような楽しい人生を送るチャンスでいっぱいだ。このようなチャンスは、あらかじめ用意されたものを見つけるのとは、何ら関係がない。

この考えに押されて、クラスメートが彼らの本当の天職について考え込んでいる間に、私は「大きな報酬を生み出す希少なスキル」を磨くチャンスを探し始めた。

まず、自分の勉強の仕方をできるだけ効率的にするようにした。1学期かけて体系的な実験をしてみて、次の3年間連続でGPA4・0を達成した。

この間、徹夜は一度もしなかったし、夕食後に勉強したこともめったにない。次に、この資産を活用して、学生へのアドバイス本を書いた。このような経験をしたことで、私は充実した学生生活を送ることができた。私は、ダートマス大学初の、出版社から定期的に電話を受ける学生だった。

しかし、このどれも、私が前から心に抱いていた「やりたいこと」を追い求めた結果、実現したことではない。初めての本を書いた動機は、ある夜に飲みに行った店で私が尊敬するある起業家に、怠け者呼ばわりされたことだった。何気なく本を出版したいと私が話したとき、「口先だけじゃだめだ」とその起業家は私を叱った。「それがいい考えだと思うなら、やればいい」。これは、私が前に進むに十分な理由だった。

後に、卒業後の進路を決定する時期が来たとき、私には2つのオファーが来ていた。1つはマイクロソフト社から、もう1つはMITからだった。

私には、迷う理由はなかった。どちらの道も、素晴らしい人生を送ることができる数々のチャンスを生み出すだろうと私は確信していた。結局、私はMITを選んだが、理由は、ガールフレンドの近くに住みたかったからだ。

ここで私が指摘したい点は、ルール1の考察の核は、私の仕事に関する考察が始まる前に経験したことで、すでに高校生の頃に私の中にあったものだ、ということだ。だから、2011年の秋に、研究者になるべきか、全く違う道を選ぶのかという決断に直面したとき、このルール1のマインドセットを持った私は、どの道を進むのが私の本当の道なのか、不必要に思い悩まずに済んだ。

正しく取り組めば、どの道も私が心から好きなキャリアとなるだろうという自信があったのだ。しかし、このゴールをどうやって達成するかを明らかにするのは、難しい。このことが、ルール2から4への考察へとつながった。

ルール2　今いる場所で突き抜けよう！　の適用

ルール2は、その探求のプロセスで出会った最初の考えを説明した。素晴らしい仕事の特性は、希少で価値があることだ。素晴らしい仕事をするキャリアを創り上げようとするには、希少で価値のあるスキルが必要なのである。

つまり、スティーブ・マーティンが言ったように、「誰もが思わず注目してしまう、『突き抜けた人』になる」努力をしなければ、それが自分の本当の天職と信じるかどうかにかかわりなく、仕事を好きになることはできない。

この希少で価値のあるスキルを私は「キャリア資本」と表現し、この資本を獲得する方法には、慎重に検討しなければならない面があると指摘した。

キャリア資本は、希少で価値があり、獲得が難しい。こう考えて、私は音楽家やエンターテイナーの世界に例を求めた。そこで私は、「意図的な練習」の概念に出会った。これは、自分の快適ゾーンから出て、厳しく自分を高めてスキルを獲得するという行為である。

ミュージシャン、アスリート、チェスのプレーヤーなどは皆、「意図的な練習」を実行しているが、知識労働者はしない。知識労働者の多くは、「意図的な練習」の不快な緊張は厄介だと避ける。顕著な例は、デスクワークの労働者が取りつかれたようにメールのチェックをする習慣だ。この行動が、精神的にもっときつい仕事からの逃避でなければ、何のためだろう?

これらの概念を調べていくにつれて、私は自分の学者としてのキャリアの現状がますます心配になってきた。私のキャリア資本獲得のスピードはだんだん遅くなっていると感じた。この心配は、大学院と、それに続くポスドクの期間の成長のチャンスに差があることを理解しなければ、わかりにくい。この期間の初期には、常に知的な不安感に襲われる。

大学院レベルの数学の問題は（私はたくさん解いてきたが）、「意図的な練習」に似ている。どう解いたらいいかまったくわからない問題を与えられ、とにかくそれを解かなければならない。解かないと成績の評価点が確実に下がる。だからその問題を解くことに没頭し、もがく。いろいろな道があり、行き止まりに突き当たり、何度も失敗する。

問題を解こうとして、使えるすべての神経を総動員する精神的緊張は、課題で0点をとることの恐怖に駆られてのものだが、「意図的な練習」が目指している、上達が必要なスキルを的確に向上させる。これが、大学院生が早い時期に能力を大きく伸ばすことができる理由である。[*1]

しかし、MITのコンピュータ・サイエンス学部が与えるような研究プログラムでは、コースの課題は最初の2年を過ぎると、だんだん厳しさが軽減する。間もなく、研究活動は、アドバイザーの傘の下から解放され、自分で方向性を決められるようになる。ここで前進を続ける努力をしなければ、向上は先細りになり、スキル向上に関する研究の第一人者、アンダース・エリクソンが言う「合格レベル」に留まり、そこで行き詰まる。

このプラトーと呼ばれる停滞期は、危険だ。キャリア資本の調達ができなくなり、仕事を積極的に進める能力を損なうからだ。したがって、何らかの鍛錬を自分の仕事に採り入れて、「意図的な練習」を日常の友としなければならないことが明らかになる。

よく知られた伝説によると、ノーベル賞を受賞した理論物理学者リチャード・ファインマンは、高校時代のIQが平均をわずかに上回るくらいの125だった。

しかし、重要な論文や数学の概念を、徹底的に一から理解するまで分解したいという衝動に駆られたという彼の思い出話の中に、彼が平均的知性から天才に変わったヒントを見つけることができる。ファインマンの驚くべき知性は、神からの贈り物ではなく、「意図的な練習」への没頭によるところが大きいと言えるだろう。

私自身の調査やファインマンの例に刺激を受けて、私は自分の分野のもっとも難しい業績を徹底的に理解することに集中しようと決めた。それが、これまで蓄積してきた私のキャリア資本を再び活性化する第一歩になると考えた。

この試みを始めるため、自分の専門分野でしょっちゅう引用される割には、明快ではないために理解が難しいある論文を選んだ。

この論文は、よく知られたある問題へのソリューションとしてもっともよく知られている、あるアルゴリズムの分析について書いたものだった。多くの研究者がこの論文を引用したが、詳細を理解している人はほとんどいなかった。この有名な論文をマスターすれば、自分に課した「意図的な練習」の新しい態勢に入ることができると思った。

これが私の最初のレッスンだった。

この種のスキルの向上は難しい。この論文の重要な証明を論じている部分にある、最初の紛らわしい論点のところに来たとき、すぐに心理的抵抗が始まった。これからしようとする努力に気づいて、神経の抵抗が最初は遠くで波打って、私が努力を続けると、今度はだんだんと大きくなって、私の集中力を次第に強力に潰しにかかった。

この抵抗と闘うため、私は2つの方法を活用した。

第1の方法は、**時間管理**だ。「この問題に1時間取り組む」と自分に言い聞かせた。

「集中して気絶してもかまわない。そうしないと進まない。次の1時間には、自分の世界が作れる」

もちろん私は気絶せず、進歩した。抵抗の波が静まるまで、平均10分かかった。この10分はいつも苦しかったが、時間制限があるとわかっていると、苦しさに耐えられた。

第2の方法は**情報管理**だ。

集中して勉強した成果を、役に立つ形で表すことだ。

これは、いろいろな証明方法の関連性を表す「証明マップ」を作成することから始めた。難しかったが、手に負えないほどではなかった。結果を理解しようとする私の努力のウォーミングアップになった。次に、マップから、自分で小テストを作り、その証明で使った主要な定義を暗記した。これも比較的簡単な仕事だったが、やはり集中力は必要だった。これで、次に来る詳しい解析のもととなる理解ができた。

集中力を高めることに成功して元気づいた私は、この2つのステップの次に重要なことを始めた。証明の要約だ。

それぞれの主題を取り上げ、その証明のステップを確認して、足りないステップを埋める。最後には自分の言葉で要約を書いた。これは驚くほどきつい仕事だったが、すでにその論文についての簡単な作業をしていたので、前に進む勢いがついていた。

2週間以上、私はこの論文を定期的に検討した。

終了まで、たぶん15時間「意図的な練習」によって引き起こされる緊張を経験した。緊張があまりに強くて、実際の時間以上に長く感じた。うれしいことに、この努力の成果はすぐに表れた。

まず、以前は霧に包まれているように感じた一連の関連する事柄が明確になった。この論文を書いた研究者グループは、この種の問題解決を独占していたが、今や私も彼らの一員となった。この理解をテコに、私は次に、ある新しい結果の証明を試みて、それを私の所属しているもっとも評価の高い学会で発表した。

これは、私の新しい研究の方向性を決めた。また、この戦略のおかげで、論文の中に2つの間違いがあることに気づいた。これを執筆者に伝えたところ、私は間違いに気づいた2番目の人物だと伝えられた。執筆者はまだそれを訂正していなかった。グーグル・スカラーによると、論文がすでに60回近く引用されているというにもかかわらず。

計画的にスキルアップするための3つの習慣

しかし、この小さな成功よりも重要なのは、このテストケースで新しい習慣を学んだことだ。緊張は素晴らしい。この快適さとはかけ離れた感覚を、避けるべきものではなく、ボディビルダーが筋肉が増えていることがわかるのと同じだと考え始めた。これは、何か正しいことをしている徴候なのだ。

この考えに刺激されて、同種のさらに大規模な論文の分解を、3つの小さな習慣で実行しようと決めた。3つの習慣とは、「意図的な練習」を日常生活の決まった行動の中に入れ込むことである。

①要約ノートの習慣

キャリアに関する問題の探求のある時点から、私は「リサーチ・バイブル」と呼んでいるものをつけ始めた（実際はノートではなく私のコンピュータの中にある）。週に1度、私の研究に関連すると思われる論文を「バイブル」に要約する。この要約には、結果の記述、以前の作業との比較、結果を得るために実行した方法を書く。この要約は、最初のテストケースの論文で試みた週次ベースのステップ・バイ・ステップの分解ほどには根を詰めたものではなかったが、「意図的な練習」に伴う緊張感は生まれた。

②時間集計の習慣

もう1つの計画的なスキルアップのための習慣は、時間集計だ。

MITの自分のデスクの後ろに紙を1枚貼った。この紙はジョージタウン大学でも貼るつもりだ。

このシートには、月ごとに、「意図的な練習」をした総時間数を書き込む行がある。

この集計表は、2011年3月15日に始めた。その月の最後の2週間の「意図的な練習」時間の緊張は12時間だった。4月は、丸々ひと月の集計で42時間だった。5月は26・5時間に減り、6月はさらに減って23時間だった（公平を期するために言うと、この2カ月間は、MITからジョージタウンへの引っ越しに忙殺されていた）。

この時間数を毎日目にすることで、「意図的な練習」をもっと増やす手だてを探さなければいけないという気持ちが強まった。この習慣がなければ、自分の能力を伸ばすために使う総時間数はずっと少なくなっただろう。

③高級ノートの習慣

第3の戦略は、MITの書店で一番高価なノートを買うことだった。

このノートは、記録用ラボノートで45ドルする。厚いボール紙の表紙で、2重のスパイラル線で綴じられていて、水平に開く。無酸紙で、分厚く、グリッド線が入っている。

私はこのノートを、新しい理論を理解するブレインストーミングをするときに使う。ブレインストーミングの終わりには、毎回その結果を手書きで記録して、そのページに日付を付ける。ノートのコストは、その中に書く内容の重要性を表している。同時に、このコストがあるから、自分の考えをまとめて体系化する緊張を自分に強いなければならないと思える。その結果、「意図的な練習」がさらに増える。

スキル志向で仕事をやり抜く

ルール2の考察は、私の仕事のやり方を根本的に変えた。

私のその前の考え方を表現すると、たぶん「生産性志向」と言える。仕事を効率よくやり遂げることが第一だった。生産性の考え方からすると、「意図的な練習」を必要とする仕事は避けるようになる。完成に向かっての道筋がはっきりしないことと、精神的な緊張の不快さが、決断に際して人気のない選択肢となるのだ。心がくじけそうになる証明問題に取り組むより、自分のウェブページをデザインし直す方がずっと簡単だ。

私の場合は、大学院生になったばかりの数年間に自分に強いた緊張で積み上げたキャリア資本が、時が経つにつれて縮小していた。しかし、ルール2の探求で私は「スキル志向」になり、この状態は変わった。

どんどんスキルを上達させることが、もっとも重要なことになった。そして、スキルアップには、「意図的な練習」の緊張が必要だった。これは仕事についてのもう1つの考え方だが、いったんそれを取り込むと、キャリアの軌道は大きく変わる。

ルール3 「自分でコントロールできること」をやる、の適用

2011年の春の初め、私の大学への就活は面白い局面を迎えていた。

当時私はジョージタウン大学から口頭でオファーを受けていたが、書面は何も受け取っていなかった。

ポストドクター・アドバイザーは、「書面がなければ、当てにできない」と言っていた。正式なオファーを待っている間に、資金の豊富なリサーチプログラムのある有名州立大学から面接の通知を受け取った。キャリアの選択という難問の解決法は、その頃同時に進めていた私のキャリアについての探求から、大きく単純化されていた。特に私の指針となったのは、ルール3で述べた「自由に働くこと」の価値だった。

ルール3の論点は、仕事やそのやり方を自分でコントロールできることは、素晴らしいキャリアの構築に大きな力を発揮するので、「やりたいことの妙薬」とも呼ぶことができる。「これこそが、私がやりたい仕事だ」と言ってしまうようなキャリアとはどんなものか、考えていくと、この「自分でコントロールできる自由」という特性が、常に中心的役割を果たしている。

「自由に働くこと」の価値をいったん理解すると、チャンスの評価方法が変わり、そのポジションの自由度が、提示された給与の額やその組織の評判と同じほど重要だと考えるよ

うになる。この考え方を私は、ジョージタウン大学のオファーを受け入れるか、ある州立大学の面接に行って、決定をその後まで伸ばすかの選択をする際に採り入れた。「自分でコントロールできる自由」の観点から私の選択肢を評価するには、2つの重要なポイントがあった。

第1に、ジョージタウン大学は、科学部門への全学的投資の一環として、コンピュータ・サイエンスの博士号プログラムを開始したばかりだった。

私の就活を支援していたMITのポストドクター・アドバイザーは、彼女自身の経験について、いつも私に話してくれた。彼女は、ちょうどそのときのジョージタウン大学と同じように、研究を重視したプログラムに移行していたジョージア工科大学のコンピュータ・サイエンス学部に在籍したことがあった。「これから成長するプログラムでは、自分の意見を言うことができる」と彼女は言った。

それとは対照的に、すでに確立された組織のヒエラルキーの中での新任准教授のポジションは、明らかに最下層だ。このような大学では、プログラムの方向性に影響力を発揮する教授になるには何年も待たなければならない。そのときまで、上から来る指示に従い続けることになる。

第2は、ジョージタウン大学の終身在職権を得るプロセスが、他のこれまでに確立された標準的パターンとは違うことだった。

大規模な研究機関では、終身教授の地位は、組織の上層部が該当の分野の他の研究者たちに対し、この人物はその専門分野でトップの位置を占めているかどうかをたずねる。答えがノーなら、組織はその人物をクビにして、誰か他の人物を雇う。新規採用者に次の任期の更新は期待しないように言い渡す組織さえある（研究職のマーケットは非常に厳しく、新しいポジションより人材が多ければ、任期は更新されない）。

私の研究分野のように新しい分野で、その人物が適任かどうか判断を下せるエキスパートがいない場合は、業績を検証する人物がいないので、ポジションを維持することは非常に難しくなる。このため、若い教員は服従を強いられる。

つまり、ポジションをキープするもっとも安全な方法は、多くの研究者が関心を持つ堅実な研究テーマを選んで、同僚よりいい仕事をすることだ。

何か革新的なことをしたいなら、もっとキャリアを積んでからにする。カーネギー・メロン大学のコンピュータ・サイエンス教授ランディ・パウシュは、彼の有名な著書『最後の授業』（SBクリエイティブ、2013年）で、この現実を詳しく述べている。

「僕は普通より一年早く終身在職権を認められた。それはほかの若手を感心させたようだ。『早かったじゃないか、秘訣を教えてくれよ』。そう言われて僕は答えた。『簡単なことだよ。

金曜日の夜一〇時に僕のオフィスに電話してくれ。そうしたら、教えるから』」

これとは対照的に、ジョージタウン大学では、終身在職権の保証について、比較に基づいた方法はとらないことを言明していた。

コンピュータ・サイエンス学部が発展途上の段階で求めていたのは、教員を雇っては辞めさせることではなく、スター研究者を育てることだった。

つまり、私が適切な場所で優れた研究成果を発表すれば、大学に残れる。既存の分野で頭角を現すことを考えなければならないというプレッシャーがなく、自分の研究プログラムをどのように展開するか、自由に考えることができる。

キャリアを楽しむ、自らコントロールできる自由という観点から見ると、ジョージタウン大学は有名州立大学より明らかに魅力的だった。

しかし、最終決定をする前に、ルール3の他の論点を考える時間をとってみた。自由に関する考察だ。

例えば、キャリアの問題の探求をしている間、私は、仕事の自由度の追求で人々がしばしばつまずく2つの罠を発見した。

第1の罠は、キャリア資本が少ないこと。見返りに提供すべき希少で価値のあるスキルがないまま仕事で自由を得ようとすると、それはかなわぬ夢となるだろう。

私の場合は、オファーを受けるには、査読論文の数や強力な推薦状など、もともとキャリア資本の大量の蓄積が必要なため、この罠は関係がないように見える。

だが、自由なアカデミックライフの魅力を漂わせる、第2層の候補者（キャリア資本の蓄積が少ない候補者）を集める学部があり、このような大学に入ってしまうと、授業と研究の大量の責任を負わされる羽目に陥る。こんな象牙の塔の世界でも、自由の幻想には注意が必要だ。

第2の罠は、仕事を自分でコントロールできるだけのキャリア資本を持っている場合に起こる。「コントロールできる範囲」が大きくなって利益を手にするのはあなただけだ。それゆえ、他の人からの抵抗にあうのも、このタイミングなのである。

幸い私の場合は、MITで親しくしていたアドバイザーが、ジョージタウン大学のプログラムのように急速に成長しているプログラムが持つ「フレキシビリティ」が重要だと言ってくれた。しかし、私の職業分野には、この決定に抵抗を感じる人々も確かにいる。彼らにとっては、有名な大学で多くの学究がたどった道を踏襲する方が、終身教授職の保証と研究に対する高い評価を得る安全な道筋だ。

自分の仕事をよりよくコントロールするという「個人的な利益」は、彼らの職業上のレーダーには引っかからない。彼らにとって、安全なルート以外の決定には、警戒心が働く。

ルール3を検討している間、私は2つの罠を避けるための効果的なツールを発見した。

これを私は、「対価の法則」と名付けた。「仕事に自分の自由度を反映させることができる魅力的なチャンスに賭けるかどうかを決めるときは、人がそれに対価を支払うかどうかを考えてみること。人が喜んで対価を支払ってくれる場合は、そのチャンスに賭ける。払ってくれない場合は、そのチャンスはあきらめる」

結局、この法則が私のキャリアの最終決定に役立った。

ジョージタウン大学には、私の仕事とそのやり方を自らコントロールできる大きな可能性があることがはっきりしているように思えた。さらに、自由に研究を進めることに対して、財政面からも、取り組みに対するサポートの面でも、十分な援助を約束してくれた。

これから大学で自由に仕事ができるだけのキャリア資本を持っていたし、現状維持を重視する抵抗の声を無視できる自信も持っていた。こうして私は、州立大学からの面接の申し出を断って、ジョージタウン大学からの連絡を待った。

ルール4　小さく考え、大きく動け、の適用

ルール4では、ミッションが仕事を創り上げていく際の目的になると説明した。ミッションによって、その仕事で有名になれる。さらには、有名になることでやってくる素晴らしいチャンスにも恵まれる。これは、私が長い間憧れていたアイデアでもある。

研究者の世界は、ミッションにもっとも適した職業である。魅力的なキャリアを持つ教授を見つけて、他の人々と違う何をしたのかを聞けば、答えはたいてい、人の心をつかむミッションを持って仕事をしていた。

ＭＩＴの物理学教授アラン・ライトマンは作家になった。ライトマンはもともと物理学者だったが、その他に、科学を人間的側面から説明したフィクションやノンフィクションを書いた。彼は、ベストセラー小説『アインシュタインの夢』（早川書房、２００２年）[*2]で賞を受賞している。

ライトマンのキャリアには、「人間的側面から科学を探求する」という、彼のミッションが根底にある。このミッションで、彼のキャリアは魅力的なものとなった。彼は、過酷なＭＩＴの物理学教授の仕事で足跡を残した後、ＭＩＴ初の科学と人文学両方の教授になった。

ＭＩＴのコミュニケーション部門の発展に寄与し、続いて大学院の科学論文執筆プログラムを設立した。私がライトマンに会った当時は、非常勤教授として、より自由なスケジュールで、見事に心に余裕のある生活をしていた。

現在は、自分で始めた、自ら重要と考える問題を論じるライティングコースで教えている。補助金の申請や論文発表に追われることから解放され、夏は家族と、電話もテレビもインターネットもないメーン州の島で過ごしている。おそらく素晴らしい環境の中で日光

ミッションを成功に導く方法

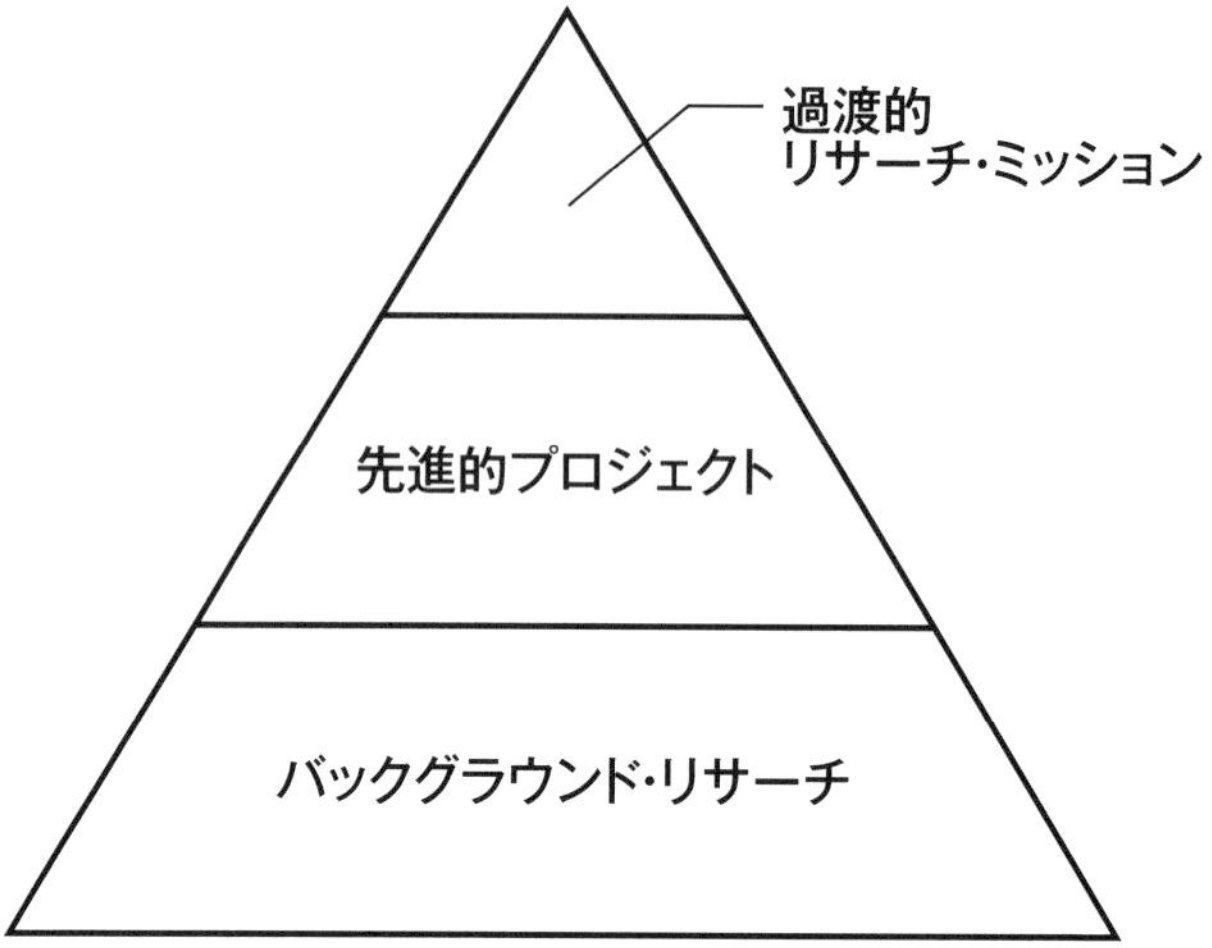

浴をしながら、大きなことを考えているのだろう。

もっとも印象的だったのは、ライトマンのMITのウェブサイトのコンタクトのページに載っている以下の文言だ。「私は、メールは使っていません」。これは、彼ほど有名でない学者には決して許されないシンプルな生活への試みだ。

ライトマンのケースは、ミッションをうまく生かして型破りで魅力的なキャリアを実現した多くの教授の一例にすぎない。

だが、仕事でミッションを実現することには罠がある。

そのことを知ったのは、ルール4の調査を本格的に始めて、パーディスやカーク、ジャイルズのようなミッションの達人に会ってからだった。ミッションを追求しようとすればするほど、成功は遠ざかる。

真のミッションは、2つのことを要求する。

1つは忍耐を要するキャリア資本の蓄積。もう1つは、次なる大きなアイデアを求めて、変化し続ける自分の分野の隣接可能領域を絶えず見通すこと。これにはブレインストーミングを怠らないことと、常に新しいアイデアを知っておくことが必要だ。

しかし、この2つはライフスタイルであって、この2つがあれば、自動的にミッションを導き出してくれるわけではない。

2011年の夏に、私はこの新しい考えをさらに進めて、ミッションを成功に導く方法を見つけ出そうとした。この試みで私はいくつかの習慣を編み出し、それをミッション開発システムに組み込んだ。このシステムは3層のピラミッドとして考えると一番わかりやすい。それぞれの層を以下に説明する。

最上層：過渡的リサーチ・ミッション

ミッション開発システムは、ピラミッドの最上層である過渡的リサーチ・ミッションで方向性が決まる。興味のある仕事についてのおおざっぱなガイドラインである。現在の私のミッションは、「分散アルゴリズム理論を、新しい面白い分野に適用して、新しい面白い結果を出す」ことだ。

このミッションを具体化するために、まず、この分野でのキャリア資本の獲得が必要だ。私は、分散アルゴリズムの論文を発表し、他の研究者が発表した論文を多数読み、この理論を新しいセッティングに置けば大きな可能性があることを確信した。もちろん、本当の問題は、この可能性を実現する魅力的なプロジェクトを見つけることだ。それが、ピラミッドの他の2つの層が追求すべきゴールだ。

最下層：バックグラウンド・リサーチ

ここではピラミッドの最上層から一気に最下層に降りて、私がバックグラウンド・リサーチに没頭したことを説明する。私は、毎週自分の分野の何か新しいものに触れることをルールとした。

論文を読んだり、講演を聞いたり、ミーティングをしたりした。新しいアイデアを正しく理解していることを確認するため、自分の言葉でそのアイデアを要約し、私の増え続ける「リサーチ・バイブル」（240ページ参照）に記録することにした。

また、毎日散歩をする時間をつくって、このバックグラウンド・リサーチで浮上したアイデアについて自由に考えることにした（私は徒歩で通勤していたし、犬も飼っていたので、散歩をスケジュールに入れるチャンスは多かった）。どの資料を選ぶかは、ピラミッドの最上層のミッションを指針とした。

この、関連が生まれそうな資料に触れ、アイデアを自由に統合するバックグラウンド・リサーチのプロセスは、ルール4で、隣接可能領域についての思想に触れた、スティーブン・ジョンソンの著書『イノベーションのアイデアを生み出す七つの法則』から考えついたものだ。ジョンソンによると、新しいアイデアに出会ったり、「リキッド・ネットワーク」にアクセスしたりすると、アイデアの混合やマッチングが促進されて、画期的な新しいアイデアが生み出されるきっかけになる。

中間層：先進的プロジェクト

さて、ピラミッドの中間の層だが、ここは、私が准教授としてする仕事が入る。ルール4で説明したように、ミッションの暫定的アイデアを魅力的な実績へと飛躍させるための効果的な戦略は、「小さな賭け」と私が呼ぶ小規模なプロジェクトを実行することである。

前に述べたように、ミッションの探求では、小さな賭けには以下のような特徴がある。

▼1カ月以内に完了する小さなプロジェクトであること

▼新しい価値を創り出すものであること（例：新しいスキルに上達して、これまでになかった斬新な結果を出す）

▼具体的なフィードバックを得られる、具体的な結果を生むものであること

私は、ピラミッドの最下層のプロセスから生まれたアイデアのうち、もっとも見込みのあるものを試してみることを、小さな賭けとしている。注意力を分散させないように、一度に実行する賭けの数は2〜3のプロジェクトに絞る。〆切を設定して、計画表に黄色のマーカーを付けて、絶対完了しなければならないという切迫感を高める。最後に、この賭けに取り組む時間を、この終章のルール2の適用を説明した部分で出てきた時間集計の習慣で追跡する。

これらのツールがないと、重要性よりも緊急性を優先してしまい、小さな賭けを後回しにしてしまうことになる。

小さな賭けが終わると、そこから生まれた具体的なフィードバックを、次のリサーチの指針にする。このフィードバックは、あるプロジェクトを止めるべきか、そうでなければ、どの方向性がそのプロジェクトを前進させるためにもっとも良いのか、を教えてくれる。最終的に、この中間層で実行するプロジェクトの成功や失敗は、最上層のリサーチ・ミッションを進化させるのに役立つ。

つまり、このシステムの全体は、フィードバックの閉じられたループで、絶えず進化し

て、より明確でより大きな支えを持つ仕事のビジョンに成長していく。

最後の考察：「自分にふさわしい仕事」より、「その仕事にふさわしい働き方」をすることのほうが重要

自分にふさわしい仕事を見つけるより、その仕事にふさわしい働き方をすることが重要だというのは、シンプルだが、「やりたいこと」の神秘的価値を唱える数十年続いてきた巷《ちまた》のキャリアに関するアドバイスを転覆させる、大きな破壊力を持ったアイデアである。

本書では、一夜にして自分にぴったりの至福の仕事に出会えるという白昼夢から私たちを引きはがして、もっと地道にスキルを積み上げることを提案している。私は、「その仕事にふさわしい働き方をする」というアプローチがどのようにして仕事の喜びを生むのか、例を挙げながら、本書の4つのルールについて考えてみたかった。これらの考察で武装した今、読者のみなさんにも納得してもらえたと思う。

私は自分の仕事が好きだ。

本書の考察で発見したアイデアを実行し続けて、仕事への愛情はさらに深まるだろうと確信している。そして、この本で紹介した人々の大半もそう感じている。

この確信をみなさんと共有したい。ここまでに明らかにしてきたルールに従ってみよう。

天職を見つけることにとらわれてはいけない。

その代わり、希少で価値のあるスキルを上達させることだ。

そして、このスキルが生み出すキャリア資本を積み上げて、それを賢く投資する。キャリア資本を使って、仕事とそのやり方を自分でコントロールする。

次に、人生を変えるようなミッションを見つけ出して、実行する。

この考え方は、すべてを捨ててやりたいことを追い求めるというファンタジーほどかっこよくないが、実際に働くとはどういうことかを、私たちに示してくれるのだ。

本書に登場した重要な用語と法則

「やりたいこと」という幻想（ルール1）

仕事の幸福は、まず自分が何が好きかをはっきりさせて、それから自分の好みに合った仕事を探すことで得られるという考え方。本書が提案するのは、この広く受け入れられている「〃好き〃を仕事にしよう！」は間違っているし、危険性をはらんでいる、ということである。

誰もが思わず注目してしまう、「突き抜けている人」になれ！（ルール2）

好きな仕事をするために何が必要なのかを述べた、コメディアン、スティーブ・マーティンの言葉。マーティンは、次のように述べている。「僕のアドバイスなんて誰も聞かないよ。だって、みんなが聞きたがっている答えを僕が言わないからさ。みんなが聞きたいのは、『こうやって事務所と契約する』『こうやってネタを書く』、そんなアドバイスだ。でも、僕はいつもこう言うんだ。『いいから突き抜けたヤツになれ！』」

職人マインド（ルール2）

あなたが世界にどんな価値を与えるかを重視するという、仕事へのアプローチ。

願望マインド（ルール2）

あなたの仕事があなたに何を与えてくれるかに価値を置くという、仕事へのアプローチ。職人マインドと対照的なアプローチ。このマインドでは、現在の仕事への慢性的な不満足に陥り、より良い仕事がどこかであなたが見つけてくれるのを待っているという、白昼夢に悩まされることになる。

キャリア資本（ルール2）

あなたの分野で希少で価値のあるスキル。好きな仕事をするために重要で、流通・交換可能なもの。

素晴らしい仕事をするためのキャリア資本論（ルール2）

本書で追求するすべてのアイデアの基本をなす理論。好きな仕事をするには、「やりたいこと」を追い求めるのではなく、希少で価値のあるスキルに秀でることが重要。この「キャリア資本」を素晴らしい仕事をするために投資することが重要。これには、願望マインドではなく、職人マインドで働くことが必要。

1万時間の法則（ルール2）

あるスキルが上達するのに必要な訓練時間数を表す。マルコム・グラッドウェルは『天才！　成功する人々の法則』で以下のように述べている。「複雑な仕事をうまくこなすためには最低限の練習量が必要だという考えは、専門家の調査に繰り返し現れる。それどころか専門家たちは、世界に通用する人間に共通する〝魔法の数字《マジックナンバー》〟があるという意見で一致している。つまり一万時間である」

意図的な練習（ルール2）

スキルアップのために続ける厳しい鍛錬。この言葉を1990年代に考えたフロリダ州立大学教授アンダース・エリクソンは、この鍛錬を「教師などが個人の能力の特定の側面を効果的に向上させるもの」と定義している。意図的な練習では、自分の快適ゾーンから出て、自分の実績について容赦のないフィードバックを受けなければならない。キャリア構築の分野では、知識労働者はこの種のスキル向上を避ける。理由は単純に不快だからである。しかし、好きな仕事をするためにしっかりとしたキャリア資本を持つには、この鍛錬を日常の仕事の一部としなければならない。

キャリア資本市場（ルール2）

ある分野でキャリア資本を獲得するということは、2つのタイプのキャリア資本「市場」に参入することだ。1つは「勝者ひとり勝ち市場」、もう1つは「オークション市場」。「勝者ひとり勝ち市場」では、通用するのは1種類のキャリア資本だけで、多くの人が競い合っている。「オークション市場」では、多くの種類のキャリア資本があり、各人が独自の資本を持っている。それぞれのマーケットに合わせたキャリア資本獲得戦略が必要となる。「勝者ひとり勝ち市場」では、どうやったら対象となる1つのスキルが上達するかを解明しなければならない。「オークション市場」では、自分が持っているスキルのコンビネーションの希少さをアピールできるようにする。

自由度（ルール3）

仕事とそのやり方を自分で自由にコントロールすること。好きな仕事をするためにキャリア資本を獲得するためのもっとも重要な条件。

自由への第1の罠（ルール3）

仕事を自分でコントロールしようとする際に注意すべき警告。キャリア資本がないまま自由にコントロールしようとすると、持続できない。

自由への第2の罠（ルール3）

仕事を自分でコントロールしようとする際に注意すべきもう1つの警告。キャリア資本が十分にあり、仕事を自由にコントロールしようとすると、あなたは雇い主にとって価値があるため、雇い主はあなたの自由を阻止しようとする。

勇気を賛美する文化（ルール2&ルール3）

勇気さえあれば、現状から抜け出して「やりたい仕事」ができると、多くの著者やコメンテーターが叫んでいる。文化は危険だ。好きな仕事をする際のバックアップとなるキャリア資本の重要性を軽視しているからである。この文化に従えば、多くの人が現在の仕事を辞めてしまい、これまでより悲惨な状況に陥る。

対価の法則（ルール3）

仕事と人生をコントロールしようとする際に、2つの罠を避けるための法則。人があなたの提供するサービスに対価を支払うかどうか、自問してみる。支払うなら実行し、支払われなければあきらめる。

ミッション（ルール4）

好きな仕事をする際にキャリア資本とともに重要な条件。キャリアの総合的目標。具体的な仕事より広義で、いろいろなポジションで適用できる。「人生において何をなすべきか」という問いに対する回答となる。

隣接可能領域（ルール4）

どの分野でも、次なる大きなアイデアは、現在の最先端の先の隣接可能領域にあり、そこには、既存のアイデアの新しい組み合わせがある。重要なのは、隣接可能領域とそこにあるイノベーションは、ある分野の最先端に到達しなければ見えてこないということである。ミッションも隣接可能領域でしばしば見つかる。キャリアのミッションを見つけたければ、まずその分野の最先端に到達しなければならない。

小さな賭け（ルール4）

ピーター・シムズのアイデア。シムズは革新的な企業や人々について以下のように述べている。「彼らは大きなアイデアから始めたり、プロジェクトの全体計画から始めたりしなければならないと考えるのではなく、良い方向に向かう**小さな賭け**を続けて、たくさんの小さな失敗や、小さいが意味のある成功から大切な情報を得ている」（強調は著者ニューポートによる)。キャリアの面から言うと、小さな賭けは、漠然としたミッションを具体的な成功プロジェクトに変える生産的戦略となる。

アピールの法則(ルール4)

ミッションを実現するためのプロジェクトが成功するか否かを見分ける法則(小さな賭けの戦略と合わせて使う)。ミッションのあるプロジェクトを成功させるには、2つの方法で注目を集めることが必要だ。第1は、そのプロジェクトが人々を魅了して、彼らがそれを話題にすること。第2は、人が話題にするような場所でそのプロジェクトを始めることである。

[著者]
カル・ニューポート（Cal Newport）
2004年にダートマス大学で学位を、2009年にマサチューセッツ工科大学（MIT）においてコンピュータ・サイエンスでPh.D.を取得。2011年からジョージタウン大学准教授。教鞭をとる傍ら、ブログ「Study Hacks」（http://calnewport.com/blog/）で学業や仕事の生産性を上げ、充実した人生を送るためのアドバイスも行っている。本書は『Inc.』誌の「2012年起業家のためのベストブック」、『グローブ・アンド・メール』紙の「2012年ビジネス書トップ10」に選ばれた。
著書に *How to Win at College* をはじめとする学生向けのハウツー本シリーズや、『大事なことに集中する』（ダイヤモンド社）がある。ハーバード、プリンストン、MIT、ダートマス、デュークといった名門大学に招待されて講演を行っている。

[訳者]
廣津留真理（ひろつる・まり）
ブルーマーブル英語教室代表、一般社団法人Summer in Japan（SIJ）設立者・代表理事・総合プロデューサー、株式会社ディリーゴ代表取締役。早稲田大学第一文学部卒。フランス語通訳、英語ビジネス翻訳を経て、大分県大分市に「ブルーマーブル英語教室」を立ち上げる。2012年にこの教室で学ぶ娘、廣津留すみれがハーバード大学に現役合格、地方公立の小中高から合格したまれな例として注目を浴びる。2017年5月に英語教室での独自の教育メソッドを公開した『英語で一流を育てる』（ダイヤモンド社）を出版、ベストセラーに。

今いる場所で突き抜けろ！
──強みに気づいて自由に働く４つのルール

2017年12月６日　第１刷発行

著　者──カル・ニューポート
訳　者──廣津留真理
発行所──ダイヤモンド社
〒150-8409　東京都渋谷区神宮前6-12-17
http://www.diamond.co.jp/
電話／03･5778･7236（編集）　03･5778･7240（販売）
装丁･本文デザイン──水戸部 功
製作進行──ダイヤモンド･グラフィック社
印刷────信毎書籍印刷（本文）･共栄メディア（カバー）
製本────宮本製本所
編集担当──佐藤和子

ISBN 978-4-478-02433-1